KB125689

기적을
현실로 만드는
생각의 힘

기적을 현실로 만드는 생각의 힘

초 판 1쇄   2019년 08월 23일

지은이 양근영
펴낸이 류종렬

펴낸곳 미다스북스
총괄실장 명상완
책임편집 이다경
책임진행 박새연 김가영 신은서
본문교정 최은혜 강윤희 정은희

등록 2001년 3월 21일 제2001-000040호
주소 서울시 마포구 양화로 133 서교타워 711호
전화 02) 322-7802~3
팩스 02) 6007-1845
블로그 http://blog.naver.com/midasbooks
전자주소 midasbooks@hanmail.net
페이스북 https://www.facebook.com/midasbooks425

© 양근영, 미다스북스 2019, *Printed in Korea*.

ISBN 978-89-6637-707-7 03190

값 15,000원

기적을
현실로 만드는
생각의 힘

양근영 지음

미다스북스

벼랑 끝에서 기적을 일으킬 수 있을까?

현대 사회에 들어서 사람들은 감정적으로 많이 힘들어하고 있다. 게다가 자유로운 계층 간 이동이 거의 사라지면서 "개천에서 용 난다."는 말은 옛말이 되어버렸다. 모두 노예니 하면서 회사에 종속되어 힘겹게 살아가고 있다. 초등학교 시절 가졌던 꿈은 어느덧 사라지고 현실에 치여 먹고 살기 바쁘다. 나도 역시 하루하루 벌며 꿈도 미래도 다 잃어버리고 살아가던 직장인이었다. 그러나 마음 공부를 시작하고 유인력의 법칙에 대해 다시 깨달으면서 꿈을 되찾았다. 내 미래는 내가 개척하고 만들어나갈 수 있다는 희망을 가졌다.

내가 이제까지 살면서 가장 많이 들었던 소리 중 첫 번째는 "평범하게 살아라."였다. 두 번째는 "열심히 살아라."였다. 이렇게 살면 행복할까? 정말 평범한 것이 행복이고, 열심히 사는 것이 행복인가? 나는 그렇지 않았다. 남의 눈에 띄는 것은 달갑지 않았지만 평범한 것도 싫었다. 또한 열심히 사는 것, 누구나 다 열심히 산다. 그래서 열심히 사는 것만으로는 절대 세상에 두각을 드러내지 못한다. 오랜 시간 고민과 경험을 통해 나는 내 미래를 내가 열어가면서 특별하게 살아야 한다는 결론을 얻었다.

내가 선택한 미래는 후회가 없다. 왜냐하면 실패도, 성공도 나의 선택이기 때문이다. 남의 손에 떠밀려서 어쩔 수 없이 가게 된 길은 항상 뒤끝이 남는다. 내 경우만 해도 그랬다. 항상 결정을 남에게 미뤘다. 나의 안 좋은 습관이기도 했다. 하지만 이렇게 남에게 맡기게 되면 책임감은 없어지지만, 후회는 한가득 남게 된다. 의미도 없고 행복하지도 않다. 내 삶을 내가 결정하지 못하면 대체 무엇이 남겠는가?

내가 마음 공부를 시작하면서 느낀 것은 내 미래에 대한 선택도 있지만 감정이 나의 삶에 미치는 영향이 상당하다는 것 이었다. 내가 정의하는 마음 공부란 '나의 감정을 다스리고 고양시켜, 유인력의 법칙을 활용,

내가 원하는 인생을 만들어 세상에 선의를 베풀게 하는 마음가짐에 대해 배우는 것'이라고 생각한다. 정상적인 사람이라면 누구나 감정을 느끼며 살고 있다. 예민한 사람도 있고 무딘 사람도 있다. 난 선천적으로 예민한 감정을 가졌지만, 지금은 무딘 감정을 지닌 채 살고 있다. 둘 다 장점도, 단점도 있다. 감정은 중도를 걸어야 한다. 그리고 감정 또한 내가 선택할 수 있어야 한다. 감정을 선택할 수 있도록 하려면 반복적인 훈련이 필수적이다. 일단 내 감정부터 정확하게 알아야 한다.

우리는 항상 감정을 안고 살아가지만, 지금 내가 느끼는 감정조차 정확

하게 알지 못한다. 지금 느끼는 감정을 한마디로 명확하게 정의할 수 있는 사람은 별로 없다. 대부분 분노나 슬픔 외에는 잘 정의할 수 없다. 심지어 분노나 슬픔도 제대로 원인을 알지 못하는 경우도 많다. 그냥 느끼는 것이기 때문이다. 하지만 이렇게 마구잡이로 느끼는 감정은 내게 결코 도움이 되지 않는다.

이 책에는 내가 공부해온 마음공부, 유인력의 법칙이 정리되어 있다. 책 한 권으로 어떻게 정리를 다 할까 싶지만, 가장 필요한 5가지 법칙을 중심으로 유명인들의 일화를 넣었다.

내 미래를 바꾸기 위해서는 우선 자신을 파악해야한다. 메타 인지다. 아무리 마음의 힘이 위대해도 내 노력과 정성이 없이는 결코 이루어지지 않는다. 내가 정확히 무엇을 원하는지 파악하고 유인력의 법칙을 이용해야 한다. 그냥 해보자는 식으로 해서는 안 된다. 간절하게 전력질주하듯 법칙을 사용해야 한다.

다음으로 부정적인 마인드를 바꿔야 한다. 부정적인 생각을 가진 사람은 결코 대성할 수 없다. 성공한다 하더라도 모래 위의 성이다. 내 생각을 부드럽게 전환하면 적대적인 것도 부드럽게 풀어지는 것을 알 수 있다.

하나뿐인 인생, 제대로 운영해봐야 하지 않겠는가. 남이 이끄는 대로 흘러가는 삶을 살 것인가, 아니면 내가 원하는 대로 이끌 것인가. 그것은 다름 아닌 내 뜻과 선택에 달려 있다.

기적을 현실로 만드는 생각의 힘

이 책에서 제시하는 성공 사례와 5가지 법칙을 적절히 배우고 사용한다면, 당신은 분명 변화를 겪을 것이다. 설령 그것이 작은 성공뿐이라도 낙담하지 말자. 원래 기틀을 다질 때는 아무것도 느껴지지 않는다. 작은 성공은 곧 지어질 거대한 성공이라는 성의 튼튼한 뼈대이다. 이것이 이루어져야 비로소 큰 성공을 이룰 수 있다.

나는 매일매일 더 나아지고 있다는 것을 깨달아야 한다.

1장

벼랑 끝에서
기적을
외치다

POWER OF THINKING

벼랑 끝에서
기적을 외치다

1
블랙홀 같은
이 우울함!

슬픔과 우울은 언제나 혼자 오지 않는다. 뒤에서 떼를 지어 몰려오는 법이다.
— 윌리엄 셰익스피어(영국의 극작가)

내면의 아이는 우울하다

누구나 가슴 한편에는 우울함을 안고 산다. 그것이 크고 작음의 차이를 가질 뿐이다. 나의 겉은 4월의 벚꽃과 같이 화사하고 부드러운 웃음으로 둘렀다. 그러나 내면은 저 흑야에 감싸인 북쪽과 같이 냉랭하고 음습했다. 나의 가정 환경을 보면 극히 평범했기에 우울함이 자랄 이유는 없었다. 내 안이 문제였다. 나는 외동이었다. 나는 몸이 시들거렸다. 자주 어지러웠다. 부모님은 맞벌이셨다. 나는 은따였다. 항상 피곤했다. 이 모든 것들은 내 내면을 너덜거리게 만들었다.

네거티브 감정은 나를 갉아먹는 좀 벌레와 같았다. 매일 사각사각 소리를 내며 나를 녹슬게 했다. 매일 종이가 삭듯이 바래졌다. 맞벌이에 외동이어서 어릴 때는 할머니의 손에 자랐다. 할머니와 고모, 삼촌들, 사촌 오빠가 있었지만 그들은 그들일 뿐이었다. 결론은 나는 부모의 손을 타고 싶어 하는 아이였고, 어느 순간 부모가 별로 보고 싶지 않았었던 것 같다. 4~5세경부터 부모님과 같이 살면서 이제는 누구보다 부모님이 좋아졌다. 그러나 내가 모르는 내 내면에는 외로움이 있었다. 형제가 있는 사촌들을 보면 그것이 부러웠다. 결론은 싸우면 자기들끼리 편이 되는 게 그렇게 샘이 났다. 지금은 혼자 노는 것에 통달해서 신경 쓰지 않지만 그때는 그것조차 큰 우울함이었다. 집에 오면 책이 내 유일한 친구였다. 컴퓨터가 생긴 이후에는 게임과 컴퓨터가 친구였다.

학교에서는 겉돌았다. 친구가 없었던 것은 아니었다. 그러나 지금 생각해보면 과연 친구였을까? 나는 그때부터 인간관계에 돈을 써서 더 베푸는 잘못된 방식을 사용하기 시작했다. 그것은 지금까지 가끔 나의 과소비를 부추겨 내 무의식의 바다를 헤엄치며 나를 괴롭히고 있다.

체력이 약했던 나는 항상 피곤함을 느꼈다. 모두가 생기발랄하던 어린 시절과 10대, 한창이라는 20대에도 나는 누런 잎처럼 떴다. 하루 1시간 이상 바깥 활동이 힘들었다. 나갔다 오면 그야말로 녹듯이 쓰러져 잤다. 더불어 기억도 안 나는 어린 시절부터의 원인 미상의 어지러움은 지금까지도 나를 괴롭히고 있다. 몇 년 전에야 그 병이 '메니에르'라고 하는 어지러움증이라는 것을 알았다. 심할 때는 걷거나 눈동자를 20~30초만 굴려

기적을 현실로 만드는 생각의 힘

도 멀미가 났다. 오죽하면 운전면허를 딸 때, 멀미약을 복용하고 땄을까. 누구에게도 이해받을 수 있는 병이 아니었다. 지금이야 병명을 알고 나름 알려졌으니 그럭저럭 이해를 받고 있다. 하지만 예전에는 내가 아픈 것을 꾀병이라며 믿어주질 않았다. 이 또한 나의 우울의 한 부분을 차지했다.

내 안에는 어두운 방구석에 외롭게 웅크려 있는 겁 많은 아이가 있다. 이 내면아이는 작은 호의에도 크게 기뻐했고, 작은 할큄에도 크게 반응했었다. 매우 예민하였기에 달래기가 힘들었다. 너무 사소한 것에도 화들짝거렸기에 스스로도 감당하기 어려웠다. 이 아이는 좁은 방으로도 모자라서 우울함의 굴을 파서 들어가기 시작했다.

우울함에는 중력이 있다. 처음에는 작은 씨앗과 같지만 커다란 눈덩이로 변해가는 것은 순식간이었다. 하물며 그 씨앗이 여러 개였기에 우울함의 덩이는 점점 커져 행성과 같은 중력을 가지게 되었다. 우울함은 혼자 다니지 않는다. 항상 비슷한 것들을 데려오기 마련이었다. 이 우울한 덩이들은 자기들끼리 또 하나의 우주를 만들었고 이내 블랙홀이 되어 나를 잡아먹기 시작했다.

감정의 블랙홀은 나를 너무 힘들게 한다

나는 외동이었고, 남에게 외면 당하는 것이 매우 힘들었다. 하지만 내가 우울한 표정이나 칭얼거리기 시작하면 주변 사람들은 싫어했다. 사실 누가 그것을 좋아할까. 나조차도 그것이 싫었으니 말이다. 그래서였을까. 나는 어느덧 감정을 바깥으로 표현하는 것을 자제하기 시작했다. 보이는 감정도 서서히 가라앉기 시작했다. 나이가 들어감에 따라 겉은 점점 고요해졌다. 그러나 무의식에 자리 잡은 우울함의 블랙홀 파동은 일렁이며 손짓했다. '이리 와. 더욱더 우울함을 표현하자.' 정말 괴물과 같았다. 차라리 우울함의 원인이 사소한 것이 아닌 커다란 사건들이었으면 이해라도 받았을까?

어느덧 나는 이 깊은 감정에서 헤어나기 위해 발버둥을 쳤다. 속으로 비명을 질렀다.

'나는 왜 대체 이렇게 우울한 거야? 이 근본 없는 우울함은 뭐야? 구해 줘! 빠져나가고 싶어!'

정말 부당하게도 이 우울을 해소하기 위해 사용한 방법은 과소비였다. 나는 여기서 또 잘못된 선택을 한 것이다. 명품이나 이런 것을 사는 것이 아니었다. 정말 자잘한 극히 사소한 것들을 사기 시작했다. 그리고 온갖 먹는 것들을 섭렵하기 시작했다. 우울함에 기반한 쾌락주의의 시작이었다. 나는 성실했지만 방탕했다. 방탕하다는 것은 난잡하게 놀았다는 것이 아니다. 오히려 난 히키코모리에 가까웠다. 여행도 혼자 하는 여행을 즐

기적을 현실로 만드는 생각의 힘

겼다. 남이 나에게 간섭하는 것이 싫었다. 외로움이 너무 익숙했기에, 그것이 당연했다.

온갖 쓸모없는 것을 사 모으고, 버리지도 못했다. 비만이 될 정도로 먹어댔다. 하루 종일 게임에 매달리며 현실을 외면하며 살았다. 점점 과소비는 심해졌고, 깨달았을 때에는 돌이킬 수 없는 빚의 수렁이 나를 기다렸다. 이것은 또다시 나에게 커다란 우울을 주었다. 그다음부터는 다시 도돌이표였다.

세상이 나를 싫어하는 것 같았다. 다른 사람들과 같은 굉장한 어려움이 아니었다. 그럼에도 나는 우울했고 힘들었다. 이러한 간극은 나를 참을 수 없게 만들었다. 나는 광활하고 어두운 우주에 홀로 있는 떠돌이 같았고, 그 이동의 끝에는 우울함의 블랙홀이 아가리를 쩌억 벌리며 기다리고 있었다. 기약 없는 방랑은 나를 쉼 없이 채찍질했고 지치게 만들었다. 나보다 힘든 사람들의 사례를 보면 더욱더 자괴감이 들었다. 저런 힘든 환경의 사람들도 견디는데 그보다 나은 환경의 나는 대체 무언가. 나는 구제 불능의 쓰레기인가.

어느 날, 어머니께서 당신이 편찮으심을 알리셨다. 그것은 나에게 청천벽력이었다. 어머니는 너같이 냉정하게 아무 반응 없는 자녀는 없을 것이라 비난하셨다. 그러나 그렇지 않았다. 나는 또다시 절망했고 우리 집은 서서히 가라앉기 시작했다. 누구에게나 올 수 있고, 이제는 흔한 것이라고는 하지만 왜 하필이면 우리 집인가 싶었다. 몇 년 뒤에는 아버지도 은퇴와 더불어 우울한 감정을 심하게 겪으셨다. 나는 나의 내면의 싱크 홀만으로도 힘들었지만 겉보기에는 두 분에 비할 바 아니었기에 겉으로는 웃었다. 그래서 더 힘들었다. 억지로 긍정을 외쳤다. 나는 외로웠다. 어두웠다.

이때, 나는 알아차렸어야 했다. 내 감정이 무엇을 가리키고 있었는지를. 내 감정은 계속해서 이 깊숙한 어두움을 통해 나에게 말하고 싶었던 것이 있었던 것이다. 에스더 힉스는 자신의 저서 『감정연습』에서 이렇게 말했다.

"감정 눈금 상의 여러 감정은, 강력하고 순수한 긍정적인 근원에너지를 얼마나 허용하고 있는지 보여주는 신호다. 이 근원에너지에서 가장 멀리 떨어져 있는 상태는 절망, 슬픔, 두려움, 우울함 같은 기분이다. 이 감정들은 자신에게 창조적 권능이 없다는 무력감을 이야기한다."

나에게는 세상을 긍정적으로 창조하는 에너지가 없다는 것을 말이다. 그리고 우울함의 우주의 확장을 가속화하고 있다는 것을 알아채기 시작했다. 내 스스로가 우울함의 파도 위에서 더 깊은 바다로 가는 서핑을 타고 있었던 것이다. 그리고 이런 말도 안 되는 우울감이 누구에게나 있다

기적을 현실로 만드는 생각의 힘

는 것을 깨달았다. 나는 어느 순간 이건 뭔가 이상하다는 것을 느꼈다!

"나는 모든 면에서 날마다 더 나아지고 있다."

가장 기본적인 확언입니다. 내가 한순간에 바뀐다고 하면, 내 무의식은 그것을 받아들일까요? 절대 그렇지 않습니다. 내 무의식은 오랜 시간 누적되어온 관념의 집합체입니다. 그렇기 때문에 그 관념을 한순간에 바꾸지 못합니다. 하지만 이 방법은 서서히 바뀐다고 인식을 시켜줍니다. 그렇기 때문에 내면의 저항을 최소화시킬 수 있습니다. 만약 어떻게 나를 바꿔야 할지 모르겠다면 이렇게 말해보세요.

2
내 몫의 햇볕은
어디 있을까

인생이란 결코 공평하지 않다. 이 사실에 익숙해져라.
– 빌 게이츠(마이크로소프트 창업자)

감정은 자석처럼 이끌린다

대기업 회장님과 인력사무소 일꾼의 시간은 공평할까? 답은 '그렇지 않다.'이다. 시간을 탄력적으로 조정이 가능한 대기업 회장님의 시간은 여유롭다. 심지어 그 스케줄마저 다른 사람이 고심하며 짜낸다. 반면에 인력사무소 일꾼은 언제 호명될까 전전긍긍하며 대기해야한다. 자신의 시간 활용 따위는 꿈꾸기 힘들다. 과연 두 사람의 시간이 공평하겠는가?

지루한 우울함과의 삽질을 하고 있을 때, 나는 유인력의 법칙을 알게되었다. 한때, 전 세계적인 광풍을 끌었던 『시크릿』을 통해서였다. 나는 이것을 통해 내가 불행한 것을 이끌어왔다고 확신했다. 긍정적인 것은 긍정을 끌어온다. 부정적인 것은 부정을 끌어온다. 유인력의 핵심 요약이다. 나는 나도 모르게 우울한 감정과 생각에 빠져 스스로 더 우울함의 늪으로 걸어가고 있었던 것이다. 우울한 것을 보고 우울한 것들을 듣고 혼자 비참함에 빠져 있었다.

인터넷, SNS를 보면 재미있고 즐거운 것 일색이다. 불행은 감히 끼어들 생각을 하지 못한다. 다들 불행과 슬픔, 어두움은 전혀 가지고 있지 않은 듯이 포스팅을 한다. 소설을 봐도 그렇다. 즐겁고, 재미있고, 승승장구하는 소설뿐이다. 어쩌면 다들 그렇게 마음먹는 대로 해내고 마는지! 현실의 나와는 딴판이다. 그런데 유인력의 시각으로 보니 전혀 달랐다. 카페와 블로그에 꾸준하게 긍정적인 글을 올렸던 사람은 어느새 긍정하면 언급될 정도의 이름을 가지게 되었다. 재미있고 예쁘고 귀여운 글과 사진을 SNS에 포스팅한 사람은 관련 페이지를 팔고 꽤 수익을 거두었다는 소식도 들었다. 어떤 사람은 그에 관련된 유튜버가 되어 어느덧 꽤 구독자가 많아지기도 했다. 그 사람들의 글과 사진을 보다 보면 나도 모르게 입꼬리가 승천함을 발견할 수 있었다.

반면에 위와는 달리 우중충하고 음습한 글을 주로 올리는 사람들이 있다. 공포와 무서운 사건을 다루는 것과는 다르다. 자신의 음적 감정을 온갖 미사여구로 치장하며 올리는 것이다. 그런데 참 다른 것이 재미있고 밝은 글은 어떤 단어를 써도 분위기에서 밝음이 묻어나온다. 하지만 네거티브적인 감정이 가득 들어 있는 글을 보면 치장하여도 거기에서 침울함이 스물스물 기어나옴을 느낄 수 있다. 이 사람들은 비슷한 부류의 사람들을 끌어들이고, 그 페이지는 점점 어두워져가는 것을 느낄 수 있었다. 그 중에는 건너 듣기로는 안 좋은 쪽으로 결말을 맞은 사람도 있었다. 그런 포스팅을 보면 안 그래도 우울한데 저런 것을 보니 머리가 아파져 나도 어느 순간 끊었다.

같은 것을 끌어온다는 것은?

나는 어느 순간 블로그나 카페, SNS의 글들을 보면서 비슷한 점들을 알아냈다. 이 또한 유인력이라는 것을. 유인력은 자석이다. 자석과 다른 점은 자석은 다른 극을 끌어오지만, 유인력은 같은 극을 끌어온다는 것이다. 묘하게 생각해보면 내 주변의 사람들 또한 긍정적인 에너지가 보이는 사람들은 정말 하는 일마다 대부분 잘 풀리는 경우가 많았다. 그러나 매일 우는 소리를 하는 사람, 불평불만이 많은 사람은 본인이 만든 감정의 미로에 갇혀 더 깊은 늪으로 빠져드는지도 모르는 경우가 많았다. 당연히 주변에 안 좋은 일도 많이 생겼다. 어떤 것이 달걀인지 닭인지는 모른다. 무엇이 선후인지도 모른다. 하지만 분명한 것은 연결고리는 뚜렷하다는 것이었다.

유인력이 나의 우울함과 재정적 빈곤을 없애주고, 심지어 건강하게까지 해준다니, 나는 새로운 돌파구가 생긴 것을 알고 기뻐했다. 유인력은 누구나 가지고 있는, 인간이 가진 또 하나의 손과 같다고 했다. 나는 금방

기적을 현실로 만드는 생각의 힘

이라도 부자가 된 것 마냥 다른 사람들과도 잘 어울리고 밝은 사람으로서 지낼 수 있다는 기대감이 충만했다. 우울함의 비만 내리던 내 세계를 탈피할 열쇠 같았다.

그때부터 나는 유인력의 법칙에 대해 찾아보기 시작했다. 서적을 사 모으고 동영상들을 모았다. 『시크릿』의 론다 번을 시작으로 에스더 힉스&제리 힉스 부부, 네빌 고다드, 월레스 워틀스, 나폴레온 힐, 클레멘트 스톤, 조셉 머피, 브라이언 트레이시, 잭 캔필드 등등 유인력의 법칙을 설명하는 신 사상가들이 많다는 것을 알았다.

『시크릿』은 그저 이 법칙을 알리는 도화선이 되었을 뿐이었다. 이 법칙을 요약해놓은 것뿐이었다. 내가 우울함을 벗어나기 위해 했던 오컬트들도 어떤 면에서는 유인력의 법칙과 전혀 다르지 않았다. 내가 계속해서 우울함을 붙잡고 있었다면 비슷한 것이 이끌려온다는 것을 깨달았다.

나는 부정을 버리기로 했다. 온갖 우울함과 결별하기로 했다. 나에게 부정적인 말을 하는 드림 킬러들을 무시하기로 했다. 그러자 세상이 한결 달라보였다. 나는 어느 순간부터 찡찡거리는 것을 그만두었다. 생각을 조금씩 바꾸기 시작했다. 말투를 바꾸기 시작했다. 얼굴에는 미소를 띠려고 노력했다. 그러자 나에게 빛이 스며들기 시작했다. 엄청난 장마를 겪던 어두침침한 하늘에 비춰진 빛줄기와 같았다. 나는 점점 들뜨기 시작했다. 이거 뭔가 있다, 분명히 있다.

하늘은 노력하는 자에게 기회를 주려고 한다. 나는 분명히 바뀌려 하고 있었고, 조금씩 발을 떼었다. 절벽은 서서히 멀어져갔다. 나는 내가 부정적인 우울한 감정을 가짐으로써 그러한 것들을 이끌었다는 것을 확신했다. 내가 이러한 것들을 쳐내자 나에겐 어두운 구름 속의 한줄기 빛처럼 밝은 감정이 드리웠다. 이것은 내 스스로의 문제라는 것을 알려주었다.

'법칙'의 사전적 의미 중에는 이런 뜻이 있다.

"사실 또는 존재의 법칙세계(자연과 사회)에서의 사실 사이에 성립하는 필연적 관계이며, 동종의 사실에서 반복되는 일반성을 가지고 있는 것."

필연적 관계! 이것이 중요하다. 사물의 관련이나 결과가 반드시 그렇게 됨을 필연이라 한다. 반드시 그렇게 되는 것, 그것은 누구에게나 동등하게 적용이 된다는 것이다.

전기의 원리를 몰라도 전기는 쓸 수 있다. 식물은 물과 볕만 있으면 자랄 수 있다. 왜인지는 중요하지 않다. 그냥 그렇게 되는 것이다. '유인력의 법칙' 또한 똑같다. 이것은 사용 방법만 알면 누구나 이용할 수 있다. 마치 내가 지구 위에 중력의 법칙을 이용하여 붙어 있을 수 있는 것처럼 말이다.

뉴턴이 '만유인력의 법칙'을 깨달았을 때의 기분이 이런 것일까? 내가

기적을 현실로 만드는 생각의 힘

유인력의 법칙을 알았을 때가 마치 그와 같았다. 그러나 뉴턴의 법칙과 달리 '유인력'은 좀 다르다. 이것은 훈련이 필요하다는 것이다. 사실 이런 부분에서 조금 의구심을 가졌다. 이것이 진짜 법칙일까. 그러나 지동설이 부정당하던 시기에도 지구는 돌고 있었다. 진리라는 것은 내가 부정한다고 해서 사라지고 없던 것이 되는 게 아니다. 운동을 하면 몸도 다듬어지고 체력이 향상되는 것이 당연한 것처럼, 이 법칙 또한 훈련이 조금 필요할 뿐이었다.

뮤지컬 〈겜블러〉의 노래 중 '골든키'에는 다음과 같은 가사가 나온다.

"그 골든키 그건 믿을 수 있어, 이 세상 어딘가에 분명히 있는 거야. 그 골든키, 모두 해결해주는 열쇠가 있다는 건 이제 비밀이 아니야."

여기서는 바로 유인력의 법칙을 이야기한다. 누구나 알지만 아무도 찾지 못하는, 그러나 그것이 모든 것을 해결해주는 마법의 열쇠라는 것을 말이다. 내 안에 있는 마법의 열쇠는 내가 마음을 어떻게 먹느냐에 따라 어떤 문을 열 수 있는지에 대해 알려주었다.

그제야 나는 그것을 실행해보기로 하며 여러 공부와 실험을 했다. 어떤 것은 이루기도 했고, 어느 것은 실패하기도 했다. 하늘에 떠 있는 해가 따스하게 비추는 빛은 누구나 누릴 수 있다. 다만 자신이 서 있는 자리가 더

볕을 잘 받는 자리인지, 덜 받는 자리인지 모를 뿐이다. 나는 거기에서 무언가의 공통점을 깨달았고, 그것을 앞으로의 이야기에 풀어나갈 것이다.

● **기적을 일으키는 한마디** ─────────────

"내가 걷는 모든 길의 이름은 성장이다."

성장하지 않는 삶은 의미가 없습니다. 우리는 이 세상에 성장을 위해 왔습니다. 내가 세상을 방문한 목적을 잃어버리면 이 삶은 그저 의미 없이 흘러갈 뿐입니다. 사람은 행동하는 대로 생각하는 존재가 아니라, 생각하는 대로 행동하는 존재입니다. 내 영육의 성장을 위해 마음 공부를 꾸준히 해야 합니다.

기적을 현실로 만드는 생각의 힘

3
선언에는
강력한 힘이 있다

할 수 있다고 생각하든 할 수 없다고 생각하든 생각하는 대로 될 것이다.

– 헨리 포드(미국의 자동차왕)

말에는 영혼이 있다

유인력의 법칙에 대해 조사를 하면서 나는 점점 놀라움을 감출 수 없었다. 이것은 정말 마법과 같았다. 여러 사례가 있었지만 정말 밑바닥에서 맨손으로 시작하여 백만장자를 넘어 억만장자로 간 사람들이 부지기수였다. 그들은 입을 모아 이야기했다. 모두가 풍요로워질 수 있습니다. 자원은 모두에게 돌아갈 수 있을 정도로 풍요로워요! 다만 우리의 마음이 그렇지 않을 뿐이죠.

여기서 나는 유인력의 법칙이 마음과 밀접한 연관이 있다는 것을 깨달았다. 우리를 구성하는 모든 것은 에너지로 이루어져 있다. 이 에너지는 유기적으로 움직이며 작용하고 있다. 그러면서 서로 유사한 것을 끌어당긴다. 흔히 "끼리끼리 논다."라는 말을 하는데 바로 여기에 부합되는 말이다. 또 동양에서는 '언령(言靈)'이라는 말을 하는데 말에 혼이 길들어 있다는 뜻이다. 서양식으로 보자면 '주문', '마법'이라고 할 수 있다.

보통은 생각을 통해서 유인력의 법칙을 실행한다고 생각한다. 그러나 우리가 유인력의 법칙을 손쉽게 하는 방법은 말하기와 쓰기이다. 생각에 비해 쉽게 표출되기 때문이다. 인간은 대부분 보이고 들리는 실제적인 것을 더 가깝게 느낀다.

내 지인 A는 항상 무언가를 선언하고 다니는 사람이다. 그녀는 자신이 이루고 싶은 것에 대해 항상 떠들고 다녔다.

"나는 30대 중반쯤에는 이 분야에서 일가견이 있는 사람이 될 거야!"
"이번에 살이 너무 찐 것 같아. 좋아. 3개월 안에 5kg을 빼고 S라인을 만들겠어!"

여기서는 나름대로 순화해서 말했지만 거의 허언이라 생각될 정도였다. 그래서 주변 사람들은 그녀의 말을 흘려들었다. 그녀가 자신이 일하는 분야에서 일을 한 지 7년쯤 되었을 때, 그녀는 정말 그 분야에서 꽤 유명한 사람이 되어 있었다. 7년 전 A는 누가 봐도 정말 보잘 것 없었다. 혹시나 싶어 유인력의 법칙과 연관이 있나 싶어 질문을 했다. 그녀는 단번에 자신이 선포하고 다닌 것에 그 의미가 있다고 했다.

"나는 내가 하는 말을 사람들이 흘려들을 것을 알고 있었어. 그런데 난 그걸 외면하고 내가 보고자 한 사실만 보았어. 사실 미친 짓이지. 그런데 내가 보고자 하는 그것에 '집중'하면 되더라."

덧붙여서 이런 말도 했다.

"난 일기를 썼어. 내가 원하는 목표에 대해서. 버킷리스트라고 알아? 난 아직도 반도 못 이뤘다고."

이 질문을 했던 당시에는 버킷리스트에 대해 서서히 알려지던 시기여서 나는 그것이 무엇인지도 몰라서 어리둥절했었다.

이 글을 쓰면서 다시 그녀에게 조심스레 연락을 해보았다. 이미 그녀는 한국에 없었고, 외국으로 나가서 다시 그 분야에 대해 개척을 한 지 몇 년이 지난 상태였다. 자리도 잡았고, 연봉도 꽤 올랐다고 했다. 그 친구의 허락을 받아서 쓰자면, 그 친구는 나만큼 성적도 별로였고, 외모도 나처럼 평범했다. 우울한 나와 어울렸던 것도 한때는 나처럼 우울함의 대명사로 불릴 정도였기 때문이다. 그런데 그 친구는 어느 날 갑자기 변했다. 외모와 말투, 옷차림을 서서히 바꾸기 시작했고 자신의 목표에 대해서 직설적으로 말하기 시작했다. 괴짜라는 평판을 들으면서도 자신의 신념을 꿋꿋하게 지켰었다. 그 결과 10년이 지나니 나와는 현저하게 차이가 나게 되었다. 반면 나는 유인력의 법칙에 대해 공부를 했지만 공부에서 끝났고, A처럼 과감하게 실행하지 못했다. 유인력의 법칙에서 중요한 포인트는 실행을 해야 한다는 것을 다시 깨달았다.

예전 초등학교 때 우리 동네에서는 '택시 인사하기'라는 놀이가 있었다. 당시에는 택시 위의 꼭지가 교체되는 시기였다. 얇고 뾰족한 왕관 모양에서 둥근 사각 탑과 같은 지금의 택시 꼭지로 변할 때였다. 그래서 그 놀이가 유행하던 시기에는 왕관 모양의 꼭지가 거의 안 보이던 시기였다. 한 친구가 내게 그랬다. 자신의 친척 언니가 왕관 모양의 꼭지를 가진 택시를 보고 인사를 계속 했더니 좋은 일이 생겼다고, 그래서 자기도 요즘 해보고 있다고 말이다. 당연히 나도 그것이 궁금해서 어떤 좋은 일이 생겼냐고 물었다. 길가다 돈을 줍거나, 용돈을 더 많이 받거나 혹은 시험 점수를 더 잘 맞았다는 그 나이 아이들이 겪을 만한 소소한 좋은 일이었다. 나도 당연히 궁금증이 생겨 그날부터 왕관 모양의 택시를 보면 인사를 했다.

"안녕하세요."

기적을 현실로 만드는 생각의 힘

지금 생각해보면 정말 바보 같은 어린아이의 놀이였다. 하지만 당시의 나는 정말 진지했다. '나에게도 좋은 일이 많이 생겼으면 좋겠어요.', '행운이 넘쳤으면 좋겠어요.' 어쨌든 인사였고, 택시 기사들도 어이없어 하면서도 웃으면서 손짓과 끄덕임으로 아이의 놀이를 받아주었고, 나름 뿌듯함과 즐거움도 느꼈다. 그 놀이를 시작하고 며칠이 지난 후, 나에게도 정말 친구의 사촌과 같은 소소한 일들이 생기기 시작했다. 정말 길가다 돈을 줍는다든가 담임 선생님이 숙제 검사를 안 해서 조용히 넘어간다든가 하는 일들 말이다. 되돌아보건대 아마도 긍정적인 마음가짐을 가졌기 때문에 생겼던 것 같다.

마음으로 끌어당기는 플라시보

책에서 보았던 일화 하나를 이야기해주겠다. 어떤 가난한 화가가 있었는데, 너무 가난한 나머지 며칠을 굶고 있었다고 했다. 그런데 그녀는 배가 고팠지만 돈도, 무언가를 사먹을 힘조차 없어서 유인력을 이용해보기로 했다.

눈을 감고 자신의 테이블을 생생하게 떠올려 예쁘게 꾸미기 시작했다. 그리고 자신이 어머니께 배운 요리를 콧노래를 부르며 만들고 이내 세팅하는 것까지 현실처럼 그렸다고 했다. 너무나도 생생해서 냄새와 맛까지 느낄 정도였다. 그리고는 피곤해서 잠이 들었는데, 잠시 후 어머니의 친구에게서 전화가 왔다.

"애야! 갑자기 네 어머니 음식이 그립지 뭐니?! 내가 재료를 충분히 사갈 테니 네가 만들어다오!"

　돈 한 푼 없던 화가는 어머니 친구가 사온 재료로 음식을 충분히 만들고도 재료가 남아서 며칠간 풍족하게 식생활을 즐겼다고 한다.
　나는 책에서 이 일화를 보고 깜짝 놀랐다. 뭐야?! 정말? 유인력이 이렇게까지 된다고? 그러고 보니 『소공녀(Little Princess)』를 보면 주인공인 세라는 갑자기 처한 어려운 현실에서도 비관을 하지 않았다. 민친 교장에 의해 하녀 베키와 함께 다락방에 가둬졌을 때조차 좌절하지 않았다. 오히려 세라는 눈을 감고 생생하게 상상한다.

"우리가 잠을 자고 일어나면 여기는 따듯하게 되어 있을 거야. 테이블에는 따듯하게 데워진 온갖 이국적인 음식이 올라가 있을 것이고, 예쁜 촛대와 테이블보가 깔려져 있을 거야. 아침이 되면 우리는 눈을 떠서 부드러운 빵과 스프를 맛보고 즐거워하겠지."

　어린 세라는 그것조차 놀이로 보고 즐거운 생각을 했다. 지금 처한 현실은 꿈이고 내가 보는 현실은 다른 것이라고 말이다.
　이것은 동화지만 유인력의 법칙을 옮겨놓은 책이나 다름없었다. 유인력의 교훈은 쏙 뺀 권선징악이라는 탈을 쓴 교과서였다.

　　　　　　　　　기적을 현실로 만드는 생각의 힘

내가 너무 힘들어서 매달렸던 오컬트도 이치가 비슷했다. 한국에서 유행하는 오컬트는 제식이나 아이템 판매에 집중이 되었다. 나는 오컬트 사이트에서 구입한 물품들을 열심히 사고 여러 신상에 기도를 했다. 기도를 하고 물품을 사용할 때에는 상당한 마음의 위안이 있었는데 이것을 의학 용어로 말하면 '플라시보 효과'였다. 나는 도구라는 매체를 이용해서 내 마음을 다스리고 있었던 것이다. 유인력을 공부하는 사람이 이런 것에 의존해서 마음 공부를 하다니!

플라시보 효과는 심리학적 치료에 쓰이는 것이다. '플라시보'라는 말은 라틴어로 '기쁨을 주다', '즐겁게 하다'라는 뜻을 가지고 있다. 의학적으로 소용이 없는 가짜 약을 처방했지만 환자의 마음에 의해 상태가 호전되는 것을 이야기한다. 오래된 질병이나 심리적으로 영향을 받기 쉬운 질병에 주로 사용을 하는데 일종의 자기 암시나 다름없는 것이다.

이처럼 유인력의 법칙은 내 생활 깊숙하게 들어와 있었다. 나는 이제껏 그것을 몰랐던 것이다. 나는 이런 말도 안 되는 실화를 알고 있으면서 보려 하지 않은 것이다. 그것을 공부하고 있는데도 말이다!

"나는 오늘도 멋지게 해냈어!"

항상 자신에게 응원을 보내주세요. 그리고 오늘 멋지게 산 것에 대한 확신을 가지세요. 그것이 하루를 시작하는 아침일지라도 말입니다. 오늘 내가 하는 것에 대해 정의를 내리는 겁니다. 아침에 일어나자마자 오늘 하루도 멋지게 보낼 자신에게 확신에 찬 응원의 말을 해봅시다!

기적을 현실로 만드는 생각의 힘

"난 하버드생이 될 거야"
– 카디자 윌리엄스

"노숙자 주제에 무슨 대학이냐?"

노숙자 출신으로 하버드생이 된 카디자 윌리엄스가 가장 많이 들은 말이었습니다. 그녀의 어머니는 14살에 길거리 쓰레기 더미에서 그녀를 출산했습니다. 그리고 모녀는 길가를 전전하며 쓰레기를 뒤지며 연명하며 살았죠. 그녀의 정체성은 노숙자였습니다.

그러던 그녀는 '이렇게 살면 안 되겠다.'라는 생각을 했고, 대학에 입학해 인생을 바꾸어야겠다고 생각했습니다. 하지만 돌아온 것은 세상의 비웃음뿐이었죠. 감히 어디 노숙자 주제에 대학이 가당키나 하냐고 비난을 받았습니다.

"왜? 노숙자는 대학생이 되면 안 되나요?"

그녀는 진심으로 의문을 가졌습니다. 그리고 자신을 통해 그것은 결코 불가능하지 않다는 것을 보여주고자 했습니다. 자신처럼 힘든 처지의 사람에게 희망을 주고 싶었습니다. 카디자 윌리엄스는 열심히 노력했습니다. 새벽 4시에 일어나 11시에 돌아왔죠. 학교생활을 하는 내내 평점 4.0을 유지했으며 토론 활동과 육상팀 등 다양한 분야에서 활동했습니다.

그러자 사람들의 시선이 바뀌기 시작했습니다. 노숙자라고 비웃었던 사람들은 그녀를 지지하고 믿어주기 시작했습니다. 또 그녀의 사정을 들은 복지단체와 사회단체에서 도움을 주기 시작했습니다.

결국 미국 전역 20개 대학에서 입학 제의를 받았고, 그녀는 하버드에 4년 장학생으로 입학하는 쾌거를 이루었습니다.

"노숙자니까 그래도 돼."

노숙자였기 때문에 그 어떤 대우를 받아도 받아넘겨야 했습니다. 그녀는 노숙자로서 받는 대우가 너무 부당하다고 느꼈습니다. 노숙자이기 때문에 그렇게 받아도 되는 대우는 없다고 보았죠. 그녀는 가난에 대해 이렇게 말합니다.

"전 더 이상 가난이 결코 변명거리가 된다고 생각하지 않습니다. 제 이름은 노숙자가 아니고 카디자 윌리엄스입니다."

기적을 현실로 만드는 생각의 힘

카디자 윌리엄스는 세상의 기준으로 보면 결코 당당하게 설 수 없었던 노숙자였습니다. 그녀가 세상에 드러난 이유는 어떤 상황과 이유에서든 자신을 갈고 닦고 기회를 기다렸기 때문입니다. 결코 노숙자이기 때문에 아무것도 할 수 없다는 생각을 하지 않았습니다. 자신을 노숙자로 정의한 것이 아니라, 카디자 윌리엄스로 보았기 때문에 가능했던 일입니다.

우리는 자신을 바라볼 때 세상이 바라보는 자신을 생각합니다. 자신을 바로 직시하지 못합니다. 세상의 선입관을 이겨내지 못한다면 그 선입관대로 살아가게 됩니다. 자신을 자신으로 직시해야 합니다. 그래야 자신의 꿈을 똑똑히 인식하고 나아갈 수 있게 됩니다.

세상이 바라보는 당신은 누구입니까? 그리고 당신이 바라보는 당신 자신은 누구입니까?

4
나를 속이는
생각과 상상

실수하며 보낸 인생은 아무 것도 하지 않고 보낸 인생보다
훨씬 존경스러울 뿐 아니라 훨씬 더 유용하다.
– 조지 버나드 쇼 (아일랜드의 극작가이자 소설가)

성공하려면 독기가 있어야 해?

나는 매우 평범한 사람이다. 아니 더 안 좋은 아웃사이더이다. 지금이
야 아웃사이더가 조금 다른 의미로 쓰이지만 얼마 전까지 '아싸'의 인식은
요즘보다 더 최악이었다. 성적은 중위권, 건강과 대인 관계는 최악, 근성
은 바닥, 부모님에게는 골칫덩어리 딸, 친척들에게는 한심한 친척, 남들
과는 다른 독특한 주제를 좋아하는 히키코모리, 어딜 봐도 긍정적인 면이
라고는 눈꼽만치도 보이지 않았다. 게다가 난 의외로 주제 파악을 잘하고
있었기 때문에 자괴감 수치 하나는 최고점을 기록했다. 자기 비하는 껌보
다도 쉬웠다. 내가 나를 쓸모없는 사람으로 인식하는 일은 크게 어렵지도
않았다. 나는 겁이 상당히 많아서 무언가에 도전하는 게 무서웠다. '또 실

기적을 현실로 만드는 생각의 힘

패하면 어쩌지? 또 포기하면 어쩌지?' 나는 나를 믿을 수 없었다.

자신을 믿지 못한다는 것은 상당히 두렵다. 그리고 내 자신을 신뢰하지 못한다는 것을 세상은 알고 있다. 내가 나를 천대하면 세상도 나를 노예로 본다. 그래서 나는 주도적인 삶을 살아본 적이 거의 없다. 인생 막장으로 되는 대로 살았다. 쾌락주의는 자기를 포기하는 데서도 기인한다. 나는 안 좋은 쪽이었다.

나처럼 근성도 재능도 없는 평범한 사람은 세상이 쉽지 않았다. 나는 세상을 쉽게 살고 싶어 하는 뺀질이였고 나 같은 사람을 세상은 쓰레기라고 불렀다. 부모 등골을 휘게 만드는 쓰레기. 나도 내게 어떤 재능이 있는지 파악하지도 못했다. 무엇을 해도 재미가 없었기 때문에 사는 것도 재미가 없었다. 내가 가끔 어머니께 한 말은 한심했다.

"태어났으니까 사는 거다."
"숨을 안 쉬는 것이 숨 쉬고 사는 것보다 어려워서 사는 거다."

이따위의 말이었다. 부모 입장에서 얼마나 복장이 터졌을까. 그만큼 나의 중2병은 길었고 깊었다.

내가 모르는 나의 재능이 있었을지도 모르지만 난 아직 그걸 발견하지는 못했다. 성공학에 미쳐서 강의를 미친 듯이 다니기도 하였고 책을 읽었다. 난 부자가 되고 싶었고, 남들의 시샘을 받을 정도로 크게 성공하고 싶었다. 많은 것을 이루고 싶어서 이것도 저것도 해봤지만 돈과 시간만 날렸다. 부모님께는 하나만이라도 잘하라는 잔소리를 들었다. 나는 비참했고 좌절했다. 그것은 나를 계속해서 구렁텅이로 밀었고 나는 헤어나올 수 없는 아귀지옥에서 배고픈 풍요를 외쳤다.

나에게는 남에게 보여주고 싶은 큰 성공의 갈망이 있었지만 무엇 하나 보여준 것이 없었다. 존재는 하는 것 같지만 신기루와 같이 다가갈 수 없었다. 남들은 나와 비슷한 것을 해도 쑥쑥 성공하는 것 같고 전문성을 찾아가는 것 같은데 나는 전혀 그렇지 못했다. 나에게는 '행운', '재능'이라는 것이 전혀 존재하지 않는가? 나는 이것에 의문을 가졌다. 나는 오컬트와 점집을 다니며 사주를 보고 점을 봤다. 그곳에서도 나에게는 큰 성공은 없다고 했다. 그럼 나는 평생 이렇게 살아야 한단 말인가? 비참하고 좌절을 하면서 평생을? 나는 이런 운명이 싫었다. 강하게 부유함을 갈망했다.

박정희 대통령은 장교 시절 큰 꿈을 가지고 있었다. 어느 날 점을 보러 갔다. 무당은 그에게 이러한 말을 했다.

"당신 중심에 강하고 긴 손금이 없으므로 당신은 대통령이 될 수 없습니다. 지금이 끝입니다."

"없다면 만들면 돼!"

　　　　　　　　　　　　기적을 현실로 만드는 생각의 힘

그 즉시 그는 칼로 자신의 손바닥을 그어서 상처를 냈다. 그 상처는 아물면서 강하고 긴 손금이 되었고, 그는 대통령이 되었다고 한다.

사실 이 일화가 진짜인지 아닌지는 중요하지 않다. 내가 이 이야기를 듣고 처음 든 생각은 '참 독하다.'였고 그 다음 생각은 '저렇게 독하니 대통령이 되었지.'였다. 성공하는 사람들은 어딘가 독한 구석이 있다. 생각해보면 난 저렇게 독기를 가지고 무언가를 해본 적이 없었다. 유재석과 이적이 부른 노래 〈말하는 대로〉에는 이런 가사가 나온다.

"사실은 한 번도 미친 듯 그렇게 달려든 적이 없었다는 것을 생각해 봤지. 일으켜 세웠지. 내 자신을."

그렇다. 나는 정말 미친 듯이 무언가를 하질 않았다. 나라는 인간은 철저한 쾌락주의자라 재미가 없으면 길게 이어나가질 못했다. 짙은 패배감을 가지고 사니 인생이 재미있을 리가 없었다. 그렇게 삶은 도돌이표로 실패와 좌절의 길로만 걸었다.

그냥 재미있게 살면 운은 저절로 온다

나는 작은 것부터 재미를 느끼기로 했다. 원래 성공은 작은 것부터 시작이랬다. 우선 부정적인 생각부터 버렸다. 맛있는 것을 먹으며 기분도 전환시켰다. 성공학 책을 새로운 마음가짐으로 읽으며 난 이미 성공자라고 생각했다. 그리고 작은 것부터 감사하기 시작했다. 숨 쉬는 것부터.

나는 당시 지방에서 첫 간호사 생활을 하고 있었다. 내가 생각해도 참 일은 못했던 것 같다. 그리고 인간관계도 힘들었다. 하지만 나는 재미를 느끼려고 노력했고, 기분을 전환시키려 했다. 산모들에게 항상 친절하려고 노력했다. 내 서울 말씨 때문인지 진짜 친절과 긍정 때문인지는 모르지만 산모들로부터 직접 친절하다는 소리를 많이 들었다. 고객으로부터 칭찬을 들으니 나의 어깨와 입꼬리는 승천했다. 조금씩 즐거워지기 시작했다. 또 나는 가끔씩 호흡 장애를 겪어서 며칠간 한숨만 계속 쉬는 일이 있었는데, 이때에도 내 폐에 감사함을 느꼈다. 솔직히 바로 좋아지진 않았다. 그러나 힘들어질 때마다 계속 해보니 숨쉬기는 한결 편해졌다. 이런 식의 소소한 사건들을 겪자 나는 내 생각의 전환과 마음가짐이 중요하다는 것을 알았다.

계속해서 내 기억을 떠올려보면 의외로 생각을 바꾼 것만으로 주변이 바뀐 경우가 많았다. 내가 인지하지 못했을 뿐이었다. 어떤 것에 응모하고 '난 행운이 항상 따라서 당첨이 잘 돼.'라고 하고 잊어버리면 생각보다 당첨이 되는 경우가 많았다. 한창 플레이스테이션2가 가지고 싶었을 때 그것은 대학생이 가지기엔 비싼 가격이었다. 부모님께서도 게임기를 사 주실 리가 없었다. 아르바이트는 더 싫었다. 그러던 중 어떤 이벤트 3등이 플레이스테이션2였다. 나는 그 상품이 있는 것도 모르는 채 그냥 이벤

기적을 현실로 만드는 생각의 힘

트가 있기에 응모를 했다. 까맣게 잊어버릴 때쯤 전화가 왔는데 이벤트에 당첨되었는데, 개인정보가 없어 발송을 하지 못한다고 했다. 보이스피싱인 줄 알았던 나는 건성으로 대답하고 해당 사이트 이벤트를 보았는데 플레이스테이션2 항목에 내 이름과 아이디가 있는 것이 아닌가! 너무 가지고 싶었지만 포기했던 그것이 내 품에 안기게 된 것이다. 물론 이 이야기를 어머니께 했더니, 2등이 되어서 드럼세탁기였다면 더 좋았을 텐데 하며 아쉬워하셨다. 그러나 그것은 내가 가지고 싶은 것이 아니었다. 나는 당시 그것을 너무 가지고 싶은 나머지 꿈에서도 사용을 했었다. 그 정도의 간절함과 생생함이 상상을 현실로 구현시켰던 것이 아닌가 싶었다.

실패만 반복한 사람에게도 작은 성공은 존재한다. 다만 너무나도 작고 사소하게 취급되기에 무시당할 뿐이었다. 성공자들의 성공 기법은 사실 별거 없다. 작은 성공을 큰 성공으로 인식하면 그것이 눈덩이처럼 불어나 상상할 수도 없는 성공이 된다는 것이다. 마치 눈 굴리기와 같다. 눈뭉치는 보잘 것 없다. 발로 밟으면 금방 없어진다. 그러나 그것을 곧 크게 될 눈사람을 상상하며 굴리면 어느덧 잘 부서지지 않는 큰 덩어리가 된다. 단단하게 만들어진 눈덩이에 자신의 아이템을 더하면 멋진 눈사람으로 바뀔 수 있는 것이다.

내가 너무 평범하다고 생각되어 이대로 사는 것이 걱정된다면 주변부터 둘러보자. 어떤 것을 성공이라고 생각해야 할지 어렵다면 일어나자마자 이불부터 정돈하여 깨끗하게 하자. 청소를 해서 뿌듯함을 느껴보자. 옷을 빨아서 청결함을 느껴보자. 샤워를 하고 머리를 다듬고 멋진 옷을 입고, 나는 이미 성공한 사람이라 생각하며 카페에서 여유를 즐겨보자. 내 뇌는 내가 진심으로 상상한 것과 현실을 구분하지 못한다. 착각할 정도로 하다 보면 당신은 이미 작은 성공을 큰 성공으로 만드는 큰 사람이 되어 있을 것이다. 실패는 성공의 어머니다.

● **기적을 일으키는 한마디**

"포기하지 마라! 포기하지 마라! 절대 포기하지 마라!"

영국의 수상이었던 윈스턴 처칠이 했던 유명한 말입니다. 우리가 뭔가를 할 때는 실패의 두려움에 주춤거립니다. 그리고 시작 전부터 포기해버립니다. 그리고 후회를 하죠. 해도 후회, 안 해도 후회. 지레 짐작해서 포기해서 후회하는 것은 하지 맙시다. 인생은 도전입니다. 어린아이가 첫 걷기를 할 때 포기하지 않는 것처럼 끊임없는 도전을 해야 합니다. 그러면 그때부터 나는 주체적인 삶을 만들어나갈 수 있습니다.

기적을 현실로 만드는 생각의 힘

5
그래,
이것은 좋은 징조야!

오늘 내게 거대한 행운이 다가올 것이다.

-빌 게이츠 (마이크로 소프트 창시자)

긍정을 프로그래밍 하라!

나는 항상 부정적이고 세상에 공격적이었다. 그렇다 보니 주변에도 그런 사람이 상당히 많았다. 서로 이야기하다 보면 즐거운 것이 아니라 상처를 주는 말만 가득 안겼다. 얼굴을 찡그리고 되는 일도 없이 늘 꼬였다. 난 정말 이런 내가 싫었고, 또 자괴감이 들었다. 긍정적인 생각을 한다는 것은 어떤 기분일까 생각조차 하지 못했다.

내가 일본 기숙사에 있을 때, 잠깐 친하게 지냈던 중국인 여자애 M이 있었다. 그녀는 내 옆방을 쓰고 있었는데, 항상 방실방실 웃었다. 늘 툴툴대는 얼굴을 하던 나와는 딴판이었다. 아침 식사를 할 때에도 친하든 아니든 항상 방싯 웃으면서 인사를 했고, 감사의 말을 전했었다. 가끔 한국식 식사가 특식으로 나오면 혼자 먹는 내 옆에서 웃으며 나를 따라해 먹기도 했다. 나는 그녀를 보며 이상하게 생각했다. '쟤는 뭐가 그리 좋아서 저렇게 웃어대? 이상한 애 아냐? 왜 아는 척 해?' 분명 M도 내 비틀린 얼굴을 알았을 것이다. 그러나 그녀는 그런 것은 아랑곳하지 않았다. 솔직히 그런 그녀가 짜증나서 물었다.

"넌 왜 항상 웃어? 나랑 친하지도 않은데 왜 친한 척 해?"

나의 짜증에도 그녀는 여전히 웃었다.

"이 기숙사에 중국인은 나 하나, 한국인은 '양' 너 하나잖아. 친하게 지내면 좋지. 그리고 웃으면 좋은 일이 생겨."

이게 무슨 말인가? 내 표정은 의문으로 가득 채워졌다.

"웃어봐, 그러면 진짜 좋은 일이 생겨. 봐봐, 해도 반짝거리며 저렇게 웃잖아."

〈텔레토비〉에 나오는 해도 아니고 유치하게…. 난 진심으로 또라이라

기적을 현실로 만드는 생각의 힘

고 생각하며 비웃었다. 그렇게 말하는 그 애가 같잖아 보였다. 진짜로 어이가 없어서 한동안은 그 말을 무시하고 잊어버렸다. 그 후로 M은 내게 콘서트 티켓에 당첨이 되었다, 길 가다가 돈을 주웠다, 멋진 남자에게 헌팅을 받았다, 자신이 가지고 싶었던 것을 매우 저렴하게 구입했다 등 자랑이 시작되었다. 내 눈에 그게 곱게 보일 리가 없었다.

"대체 나한테 왜 그러는 거야!"

나는 소리를 버럭 지르며 화를 냈다.

"얏. 진정해! 웃으면 '왜 좋냐'는 표정으로 물었잖아. 이건 그 증거야. 난 행운의 여신이라고!"

미친 사람이랑 얽히면 좋지 않다고 했는데, 내가 외국까지 나와서 저런 사람을 마주할 것이라고는 상상도 못했다.

"진심으로 웃어봐. 진심으로 감사해봐! 진짜 좋은 일 많이 생겨."

아마도 그녀도 나도 서로 일본어가 어설펐기에 더 이상 자세하게 설명은 못 한 것 같다. 그때에는 무시하고 지나갔던 그 이야기는 이따금 일본에서의 일을 떠올릴 때 한 번씩 그녀를 생각나게 만들었다. 이해할 수 없는 사람이라고 생각한 그녀의 그 말은 긍정적인 사고와 표정을 이야기했던 것 같다. 그걸 언어도 안 되는데 마찬가지로 말도 잘 안 통하는 나에게 이해시키려 하다니, 그녀도 대단하다는 생각이 든다. 그리고 이제 나는 그녀가 무얼 말하고 싶었는지 이해했다.

'징조'의 사전적 의미를 찾아보면 '어떤 일이 생길 기미'를 뜻한다. 우리는 스스로 징조를 설정하고 있다. 관용적인 징조도 있다. '까치가 울면 손님이 올 것이다.'는 우리가 널리 알고 있는 징조다. 나와 같은 경우에는 길고양이를 보면 '오늘은 좋은 일이 생길지도 몰라.'라며 생각한다. M은 '웃으면 좋은 일이 생긴다.'라는 징조를 설정해놓은 것이다. 일종의 프로그래밍인 것이다.

하루를 멋지게 망치는 방법

나는 잠이 매우 많은 편이다. 쉽게 지치는 편이기도 해서 눕기 시작하면 좀처럼 일어나질 못한다. 일어나는 시간도 마지노선에 맞추어서 겨우 일어난다. 그래서 일어날 때는 항상 짜증이 가득했다. '아, 또 일어나서 또 뭘 해야 해?' 직장을 가진 다음부터는 '아! 또 일해야 하다니! 오늘은 얼마나 바쁠까!' 하루의 시작이 짜증으로 시작이 되니 그 다음부터 그 날의 박자는 어긋나기 시작한다. 세수하다가 손가락으로 눈꺼풀을 들어올려 눈을 찌른다.

기적을 현실로 만드는 생각의 힘

"악! 아파!"

눈을 제대로 뜨질 못해 시간이 지체되기 시작한다. 겨우 눈을 뜨고는 허겁지겁 옷을 입다가 바지에 다리가 걸려 넘어져서 무릎을 찧었다.

"제기랄!"

얼얼한 무릎을 붙잡고 앉아서 바지를 다 입은 후, 화장을 하다가 아이라이너를 삐끗하게 그려 대칭이 안 맞는다. 지우다가 시간을 보내고 마지막으로 틴트를 바르다가 이번엔 손이 미끌어지면서 조커처럼 길게 그어졌다.

"아씨, 지각하겠네!"

시계를 보니 밥을 겨우 먹을 수 있을 것 같다. 허겁지겁 먹다가 가슴이 답답해져온다. 억지로 입에 구겨넣고, 화들짝 주차장에 가서 차에 시동을 건다. 평소에는 덜 밀리는 것 같은 차도 오늘 따라 더 밀린다. 지각 확정일 것 같다! 어찌어찌 직장 앞으로 왔지만 이번에는 눈앞에 병원을 두고서 바로 앞에 사고가 나서 차가 요지부동이다. 그 순간 머리에 드는 생각. '망했다.'

헐레벌떡 들어가서 지각한 것을 사과하고 끼어서 인계를 듣는데, 맨 처음부터 듣는 것이 아니라 파악이 잘 되지 않았다. 이 사람과 저 사람을 헷갈리기도 하고, 실수를 연발한다. 선임들에게 계속 혼나고, 후임에게는 한심한 눈초리를 받는다. 이젠 점점 시간이 지나는 것이 무섭다. 어서 퇴근 시간이나 되었으면 좋겠다. 퇴근 시간이 겨우겨우 되어 집에 가는데, 어두운 길에 불쑥 누가 튀어나와 사고가 날 뻔했다. 집에 도착해 피곤함에 눈이 절로 감기는 것을 느끼며 오늘을 되짚어보니 안 좋은 일투성이다. 깊이 생각해본다.

'오늘 하루 미친 거 아냐?'

실제 내가 겪었던 하루의 이야기다. 한번쯤 나와 비슷한 경험을 해 보았을 것이다. 난 늘 일어나는 것이 고역이었기에 하루 종일 잠만 잤으면 생각했고, 정말 미치도록 잤을 때는 하루를 꼬박 자거나, 17시간 이상 내리 잔 적도 있었다. 그럴 경우에는 잠이라는 만족감은 생기지만 하루가 허무하게 지나간다는 허탈감도 들었다. 결국 어떠한 하루를 선택을 해도 나에게는 후회만 생기는 것이다. 나는 그것을 몰랐었다.

오랜만에 론다 번의 『시크릿』을 복기하는데, 위와 같은 사례가 언급되었다. 하루를 어떠한 기분으로 시작하느냐에 따라 완전히 달라진다고. 나

기적을 현실로 만드는 생각의 힘

는 언젠가의 상황이 오버랩되었다. 그리고 그때의 내 감정을 떠올렸다. 나의 감정은 짜증남, 불안이었다. 당연히 하루가 불안하고 짜증나는 상황을 로딩하게 된 것이다.

나는 하루의 시작을 다시 설정했다. 물론 쉽게 되지 않았다. 그래도 몇 번씩 반복했다. 마치 인생 2회차를 다시 시작한 것 마냥 새로 주어진 인생을 다시 살게 되어서 눈을 뜬 것처럼 연기를 했다. 눈을 뜨자마자 바로 '감사합니다.'를 되뇌었다. 불안한 두근거림은 설레이는 두근거림이라고 생각할 수 있도록 다르게 생각했다. '오늘은 어떤 좋은 일이 생기려고 이렇게 두근거리지?' 이렇게 말이다.

나는 회귀, 인생 2회차 같은 판타지소설 매니아다. 현실도피를 하기 좋기 때문이다. 하지만 하루를 재설정하기 위해서 이번에는 내가 그 소설의 주인공이 된 것 마냥 하니 의외로 머피의 법칙은 빠르게 사라져갔다. 어떠한 나쁜 일이 생길 때마다 '이것은 좋은 일의 징조야.' 나를 속였다. 그리고 내 하루는 내가 설정한 그대로 흘러가기 시작했다. 맛있는 디저트를 선물 받았다. 칭찬을 들었다. 사람들과의 관계가 더 원만해졌다. 심지어 내 성격조차 상당히 유순해졌다!

나는 그제야 깨달았다. 내가 좋다고 생각하면, 세상은 좋게 흘러간다는 것을. 내 내면을 감쪽같이 속이면 외부는 진짜라고 보고 그대로 실행한다고. 우주는 내 내면의 거짓 프로그램을 인식하지 못하는 것을 깨닫고 나는 내 심리를 해킹하기 위해 연구를 시작했다.

"나는 긍정적이고 활기가 넘치는 말과 행동을 한다."

긍정적이고 활기가 넘치는 햇빛과 같은 사람의 에너지는 늘 행복합니다. 볕이 모두를 비추듯 그 에너지도 전달이 됩니다. 그리고 세상을 이롭게 만들죠. 당신도 세상을 이롭게 하는 사람이 되고 싶지 않나요? 행복한 에너지를 전달하는 메신저가 되어보세요. 당신은 긍정적이고 활기가 넘치는 말과 행동만으로도 세상을 바꿀 수 있습니다.

6
인생,
겁먹을 거 없어!

나를 믿어라.
인생에서 최대의 성과와 기쁨을 수확하는 비결은 위험한 삶을 사는 데 있다.
– 프리드리히 니체(독일의 시인이자 철학자)

겁쟁이도 나름 도전한다

나는 상당히 겁이 많고 소심한 사람이다. 그런데 한번 무언가에 꽂히면 그것에만 집착하는 버릇이 있다. 그래서 사고를 상당히 많이 쳤다. 사고를 치고서 겁을 먹고 벌벌 떨었다. 나는 전형적인 사고뭉치였고 골칫거리였다. 부모님은 그래도 딸 하나라고 보듬어주려 노력하셨지만 난 그 기대에 부응하지 못했다. 기질 자체가 우울하고 부정적이기도 했기에 나는 항상 세상을 삐딱하게 바라봤다. 골칫덩어리의 시야로 바라보는 세상은 매우 짜증났다.

법칙을 보면 나와 같은 사람에게 인생이 호의적으로 작용할 리가 없었다. 내 내면세계가 적대적이었기에 나의 외부세계는 항상 날을 세워 나를 공격했다. 유인력을 알게 된 후 나는 내 생각을 고치려 부단히 노력했다. 20년 이상 형성된 나의 생각이 순식간에 바뀔 리가 없었다. 이를 해소하는 데 정말 5년 이상이 걸렸던 것 같다. 이론을 아는 것과 그것을 수행하는 것은 전혀 다른 문제였다. 끊임없이 좌절했고, 불평했으며 다시 도전했다. 여전히 무서운 것이 많았지만 두려움을 줄였다.

그런 겁쟁이인 나에게도 몇몇의 도전은 있었다. 물론 남들이 보기에는 '저게 무슨 도전이야.' 하며 비웃을만한 것이었다. 관광학도 시절 일본어를 인사말 정도만 알고 워킹홀리데이를 떠났던 일, 가세가 기울면서 그렇게도 싫었던 간호대학에 갔지만 적응한 일 등이 있다. 특히 외국에 홀로 있었던 일본 유학 시절은 지금 생각해도 나에게 깊은 의미를 안겨주었다. 물론 부모님께서는 건강도 버리고 제대로 배워온 것도 없다고 지금도 혼내시기는 한다. 하지만 1년 반의 유학 기간 동안 나는 한국 사회에서 경험할 수 없던 많은 경험과 풍물을 둘러보았다.

유학 초반 시절 나는 정말 히라가나를 겨우 읽고 기본 언어만 알고 있었다. 그러나 기회만 되면 도쿄 근교를 돌아다녔고, 한국에서 펜팔 시스템을 통해 알게 된 일본인과의 교류를 가졌다. 외국이라는 새로운 분위기 때문이었을까. 오히려 한국에서보다 더 적극적으로 돌아다녔던 것 같다. 나는 30대 중반이 넘도록 나이트클럽을 가본 적이 없지만, 일본에서 단 한 번 '클럽'을 가본 적이 있다. 꽤 고루한 가치관을 가지고 있었기 때문에

기적을 현실로 만드는 생각의 힘

그런 곳에 간다는 것은 큰일 날 일이라고 생각했고 그런 곳은 소위 노는 사람들만 가는 것이라고 편견을 가졌다. 아무리 지인들이 가자고 해도 원래의 나라면 가지 않았을 것이다. 그러나 외국이라는 환경은 나를 부추겼고, '외국이니까 괜찮을 것이다.'라는 생각에 쉽게 갈 생각을 했다.

늦은 밤 언니들과 롯폰기 중심의 클럽에 갔다. 진짜 일본인, 한국인, 중국인, 백인, 흑인, 중동인 온갖 인종 전시장이 거기에 있었다. 각 나라말이 들리기도 하고, 각 나라 특유의 일본인 발음이 튀어나왔다. 지금 생각해도 솔직히 무섭다. 지금 가라고 하면 못 갈 것 같다. 그러나 20대 초반 외국물 먹어서 패기 가득했던 나는 병아리처럼 따라가 그곳에 입성했다. 처음에는 언니들과 함께 어설픈 춤을 추기도 하고, 술도 마셨다. 어느 순간 언니들이 하나둘 사라지는데 그때부터 두려움이 밀물처럼 밀려왔다. 작은 동양인 여자 혼자 술을 마시며 우두커니 있으니, 남자들이 오기 시작했다. 모태솔로나 다름없는 내게 그것은 상당히 무서웠다. 마치 조폭이 다가오는 느낌이었다. '나쁜 일을 당하면 어쩌지.'라는 생각도 했던 것 같다. 그나마 알아들었던 일본어조차 들리지 않았고 나는 패닉에 빠져들었다. 울기 직전에야 언니들이 놀다가 들어와서 안심했지만, 나는 더 이상 클럽에 있을 수가 없었다. 이미 전철은 끊겼고, 롯폰기에는 내가 갈 곳이 없었다. 그렇다고 그곳의 숙박시설을 이용할 수조차 없었다. 여기서 난 선택을 해야 했다. 다시 언니들이 있는 곳에 가 그곳의 분위기를 견디며 새벽차를 기다리던가, 다른 곳에서 밤을 새는 것이었다. 주위를 돌아본 나는 24시간 스시집을 발견했고 그곳에서 속을 달래며 새벽차를 기다리기로 했다. 그때 느낀 것은 분위기는 무서웠지만 나를 위협했던 것은 없었고, 의외로 일본도 안전하다고 생각한 것이다. 난 분위기가 싫고 무서워서 그곳을 나왔지만, 롯폰기 클럽 방문의 경험은 내가 일본 이곳저곳을 돌아다닐 수 있게 한 좋은 경험 중 하나였다. 게다가 일본은 혼자 즐기는 문화가 보편화되어 있다. 그래서 나처럼 혼자 지내기를 좋아하는 사람들을 결코 이상하다고 생각하지 않아서 더 편하게 다닐 수 있었던 것 같다. 정말 별것 아닌 것이지만 내게는 인상 깊은 사건 중 하나였다.

낯설수록 도전 의식이 생길 수도 있다

나는 꽤 온천을 좋아했기에 일본에 있는 동안 온천 탐방을 많이 다녔다. 내가 관광학도이던 시절에는 아직 일본 문화를 좋아하는 사람이 많았고, 나 또한 그랬다. 나는 당시 일본 문화의 추종자였다. 그래서 일본 역사, 유적지, 온천 등을 많이 다녔다. 정말로 당시 아르바이트 해서 번 돈은 먹고, 여행하는 데 다 썼던 것 같다. 처음 갔던 온천 여행은 '하코네'였는데 도쿄에서 상당히 가까웠다. 내가 갔던 하코네 온천은 그곳에서도 상당히 깊숙이 있던 곳으로 중심지에서 자동차로 1시간은 넘는 곳이었다. 일본 여행 책자로 찾아서, 예약하고 혼자 가서 혼자 즐기고 이 모든 것이 나에게는 큰 도전이었다. 일본의 아르바이트 동료가 나에게 그랬다.

기적을 현실로 만드는 생각의 힘

"양은 어떻게 그렇게 혼자서 잘 다녀?"

"외국에서 혼자 무섭지 않아?"

"외국에서 젊은 여자가 혼자 여행하기 쉽지 않았을 텐데 대단하네!"

대단할 것도 없었다. 나는 외국이라는 두려움을 어떠한 계기로든 극복하게 되자 어떠한 것도 재미로 다가왔기 때문에 하나의 놀이로 받아들였다. 그리고 나는 혼자 노는 데 도통한 사람이었다. 새로운 문화를 접하고 새로운 외국인과 대화하는 것이 그렇게 재미있었다. 나는 단체 생활을 하는 한국인 무리에 끼는 것이 싫었었다. 그래서 오로지 일본인이 운영하는 가게에서만 일했었다.

아무도 모르는 이야기지만 조금 길게 여행을 갈 때는 그곳 전통여관에서 일한 적도 있었다. 내가 한국에서 관광학도라고 하니 주인은 며칠간의 아르바이트를 제안했다. 전통여관 주인과 수다를 떨기도 하면서 내가 아는 한국 요리를 알려주기도 했다. 나는 어딜 가든 짜파게티를 한 개 들고 다녔기에 그것을 끓여주기도 했다. 욕탕 청소도 해보았고, 여관 앞을 유카타를 입고 쓸어보기도 했다. 외국인 발음이 확실한 일본어로 손님 안내도 해보았다. 아무도 나를 모르는 곳이라 생각하니 오히려 없던 용기가 생겼고, 나는 더욱 익살스러워졌다. 사람들은 나를 재미있는 사람이라고 생각했고 말도 재치 있게 한다고 칭찬했다. 재미있는 며칠간의 체험 후, 나는 본래의 거주지로 돌아가기가 싫어졌다. 도쿄는 어쩐지 식상해졌다.

이곳만큼 재미가 있지 않았기 때문이다.

나는 깨달았다. 나는 재미만 있다면 도전을 불사하지 않는 사람이라고. 나는 더 이상 겁쟁이가 아니고 무엇이든 할 수 있다는 것을 알았다. 내가 겁을 먹었던 것은 흥미가 없었기 때문이었다. 그래서 나라는 사람은 인생에 재미를 느낀다면 어떤 도전도 계속할 수 있다는 것을 파악했다.

그러고 보니 성공한 사람들은 대부분 즐겁게 살았다. 성공과 즐거움은 분명 연관이 있다는 것을 알았다. 이런 말도 있다. 천재는 노력하는 자를 이길 수 없고, 노력하는 자는 즐기는 자를 이길 수 없다.

내가 좋아하는 잭 캔필드는 『시크릿』에서 이런 말을 했다.

"가장 중요한 목표가 기쁨을 느끼고 경험하는 것이라는 점을 이해하고 나서, 나는 오직 내게 기쁨을 주는 일만 하기 시작했다. 내 좌우명은 이것이다. 재미가 없으면 하지 마라!"

이런 말을 접하면 나도 모르게 호탕해진다. 그래, 뭐 인생 별거 있어? 어차피 태어난 거 즐기다 가야지! 질러! 겁먹을 것 없어! 인생 재미있게 즐기다 가는 거야!

기적을 현실로 만드는 생각의 힘

"내 삶을 기쁨, 행복, 풍요로 채운다."

음침한 삶은 싫습니다. 저는 항상 부정적이고 우울하게 살았어요. 중2병, 어둠의 화신이 여기 있었습니다. 우울과 부정, 어둠은 주변 사람들에게 안 좋은 에너지를 전달합니다. 나중에는 상대방도 건성으로 대하죠. 그러나 기쁨, 행복, 풍요로 나를 가득 채운다면 사람들은 자신도 모르게 긍정적인 에너지를 받고 싶어 합니다. 작은 기적은 여기에서 시작합니다. 안 믿어지세요? 지금부터 한 달만이라도 가득 나를 채워보세요. 분명 바뀝니다.

"아무도 나를 실패한 사람으로 보지 않을 것이다"
– 에이브러햄 링컨

가난한 농민의 아들로 태어나 22세 때 사업 실패, 23세에 주의원 낙선, 24세에 다시 시작한 사업 실패, 25세에 주의원에 당선되었지만 26세에는 연인과의 사별. 이로 인해 정신적인 부담으로 신경쇠약이 왔습니다. 37세에 하원의원이 되었으나 39세에 재선에 낙선. 46세에 상원에 재도전했으나 또 낙선. 그리고 51세에 마침내 대통령에 출마해 당선된 사람.

바로 미국의 16대 대통령이었던 링컨입니다. 링컨은 실패의 대명사였습니다. 무려 27번의 실패를 겪었죠. 그러나 그는 절대 자신을 실패자라고 생각하지 않았습니다. 그는 매번 낙선 소식을 들을 때마다 바로 음식점으로 가 배가 터질 정도로 많은 식사를 했습니다. 그리고 바로 이발소로 가서 이발을 했습니다. 머릿기름도 멋지게 먹였죠. 그리고 거울을 보면서 이렇게 말하며 스스로에게 다짐했습니다.

"이제 아무도 나를 실패한 사람으로 보지 않을 것이다. 왜냐하면 난 이제 다시 시작했으니까! 배도 든든하고 머리가 단정하니 걸음걸이가 곧을 것이고 목소리는 힘찰 것이다. 내 스스로 다짐한다. 다시 힘을 내자. 에이브러햄 링컨!"

링컨은 이미 유인력의 법칙을 알고 있었던 것입니다. 다만 그에게 가장 필요한 시기에 적용되느라 늦었던 것이고 실패라는 것을 겪었을 뿐입니다.

맹자는 이런 말을 했습니다.

"하늘이 장차 큰일을 맡기려 하는 사람에게는 반드시 먼저 그 마음과 뜻을 괴롭히고, 뼈마디가 끊어지는 고통을 당하게 하며 육신을 굶주림에 시달리게 하고, 그의 처지를 궁핍하게 만들어 그가 하고자 하는 일마다 어긋나서 이루지 못하게 한다. 이것은 하늘이 그의 마음을 분발시키고 참고 견디는 성질을 지니게 하여, 그가 지금까지 해내지 못하던 일을 더욱 잘할 수 있게 해주기 위함이다."

단단한 쇠를 만들기 위해서는 수십, 수백 번의 담금질을 거칩니다. 그리고 수없이 두드립니다. 대장장이의 집중과 쇠의 고통이 있었기 때문에 가능합니다. 그러나 단단한 쇠를 상상하며 그것을 견뎠기에 단단한 철이 생산되는 것입니다.

　각자 힘든 부분이 있습니다. 실패도 많습니다. 그러나 그것이 죽고 싶을 정도입니까? 저도 미칠 정도의 어려움을 겪었고 죽고 싶었지만 결국은 살아 있습니다. 죽음에 대한 두려움은 엄청나서 삶을 선택하기 때문이죠. 어차피 선택하게 될 삶, 다시 일어서서 재기해야 하지 않을까요? 계속해서 실패한, 어려운 삶을 살고 싶으신가요? 전 그것을 부정하고 내가 원하고자 하는 미래에 집중했습니다.

　링컨 대통령도 마찬가지입니다. 신경쇠약을 겪었지만 결국은 자신이 원하는 미래에 집중해 쟁취했습니다. 링컨 대통령은 원하는 삶을 이끄는 사람입니다. 늦은 나이에 성공했다고요? 늦은 나이에도 성공하지 못한 사람도 부지기수입니다. 내가 이끄는 삶이 아닌 남이 이끄는 삶을 사는 사람은 내 삶의 책임조차 남에게 넘깁니다. 이런 사람은 결코 성공할 수 없습니다. 우연히 떠밀린 성공을 했다 하더라도, 주변의 인정을 받지 못하거나 빠르게 무너집니다. 삶에 계획성이 없기 때문입니다. 링컨처럼 오뚝이처럼 일어나고 자신에게 응원을 보내는 사람이 되어야 합니다. 그래야 삶은 내 뜻대로 움직일 준비를 합니다.

　　　　　기적을 현실로 만드는 생각의 힘

기적을 현실로 만드는 생각의 힘

POWER OF THINKING

2장

삶을 바꾸는
생각의 힘,
우주의 법칙

1
나는
나를 가장 사랑한다

가장 깊은 감정은 항상 침묵 속에 있다.
– 메리앤 무어(미국의 시인)

나를 가장 사랑하는 것은 내가 되어야 한다

우리들의 안에는 어린아이가 살고 있다. 내 마음속에도 마찬가지로 아이가 있다. 그것은 불안정한 무의식을 이야기한다. 내가 미처 알아차리지 못한 상처받은 아이, 내면아이라고 한다. 우리의 무의식은 표층의식과는 달라서 알아차릴 수 없다. 내 습관이나 기본적인 사고방식은 모두 이 무의식에서 시작이 된다. 외부의 나는 성장하지만 내부의 나는 상처투성이인 상태로 외롭게 있다. 사소한 상처 하나 안고 있지 않는 사람은 없다. 나에겐 별것 아니더라도 저 사람에게는 그것이 큰 상처로 다가올 수 있다. 그리고 그것은 내가 알아차리지 못하는 깊숙한 무의식으로 들어간다. 내면아이는 이 무의식을 독립적으로 분리하여 의인화한 것이다.

우리는 "사랑하라."라는 말을 듣는다. 예수님께서도 "네 이웃을 사랑하라."라고 말씀하셨다. 그러나 정작 나 자신을 사랑하지 않는다. 나는 실패자의 인생을 줄곧 살아왔다. 그러다 보니 스스로에 대한 신뢰도는 바닥을 기었다. 나는 도저히 나를 사랑할 수 없었다. 나를 그대로 받아들일 수 없었다. 이럴 때 알게 된 내면아이에 대한 것은 새롭게 다가왔다. 내가 나를 사랑해야 내 주변이 바뀐다는 이야기, 스스로를 치유해서 세상을 변화시키는 이야기가 있었다.

내가 나를 사랑하는 데는 이유가 필요 없다. 나를 사랑할 수 없는 나는 왜 나를 사랑해야 하는가에 대해서 끊임없이 생각했다. 하지만 내가 나를 사랑하는 데는 이유가 없다는 것을 나는 몰랐다. 하지만 스스로 세상에 서기 위해서는 나는 이유 없이 나를 사랑해야 한다. 스스로를 사랑할 수 없는 사람은 세상의 사랑을 받을 수가 없다. 내가 나를 대우해주어야 세상이 나를 그에 맞춰 대접해준다.

우주는 나를 위해 존재한다. 내가 세상에 존재하지 않는다면 내가 인식하는 우주는, 세상은 존재하지 않는다. 동양철학에서는 항상 인간은 소우주라고 이야기한다. 맞다. 그래서 우주의 신비함은 내 안에 깃들어 있다. 내가 나를 조건 없이 사랑할 때 내 안의 우주는 태동을 하게 된다. 나는 계속된 실패와 잘못으로 이미 기죽어 있었다. 하지만 어떻게 해야, 어떻게 사랑해야 이 아이를 달랠 수 있을까?

확언을 하는 거다. 나 자신에게 끊임없이 반복해서 자기 세뇌가 되도록 해야 한다. 진짜 그렇게 되도록 착각하게 만들어야 한다. 내 안의 상처받은 아이를 어루만져 주면서 무조건적으로 너를 사랑해야 한다고 말한다.

"근영아, 사랑해. 근영아, 미안해. 근영아, 너는 오롯이 너다."

앞서 말했다시피 나는 실패의 인생만 걸어왔다. 잘못도 많이 저질렀다. 내가 생각해도 나만큼 불효녀는 없었다. 스스로도 너무 부끄러울 정도다. 그래서 나는 내 안의 아이에게 사랑한다는 그 한마디가 너무 어려웠다. 내 무의식이 대체 무엇에 상처를 받았는지, 무엇을 두려워하는지조차 알수 없었다. 내면아이와 대화를 한다고 하지만 어떻게 대화할지도 몰랐다. 그저 내 안에 작은 아이를 떠올리고 대화를 하려고 하면 정적이 흘렀다. 나도 내면아이도 서로에게 할 말이 없었다. 대화가 단절된 관계였다.

　내가 나의 무의식과 연결이 원활하지 않았기에 나는 자기 파악을 할 수 없었다. 그러나 나는 내 주변을 변화시켜야 할 필요를 느꼈기에 대화를 시도했다. 나는 인간관계도 매우 힘들었고 불화가 잦았다. 그럴 때 내면아이와의 대화로 풀어나가면 나의 자존감뿐만 아니라 외부에서 나를 보는 시선도 달라진다는 것에 용기를 얻었다.

나와 나는 마주서서 대화를 했다

끊임없이 생각했다. 나는 사랑받을 자격이 있는가. 이렇게 죄짓는 딸인

데도 내가 나를 사랑할 수 있는가. 아무도 나를 믿지 못하는데 내가 나를 믿어야만 하는 이유가 있는가. 내면아이와 대화를 시도하면서도 이 고뇌는 지속되었다. 며칠이 지나도록 나와 내면아이 사이에는 정적만 흘렀다. 시선조차 맞추질 않았다. 원수를 보듯 등을 돌렸다. 나도 내면아이도 서로에게 할 말이 없었다. 그러다 어느 날 문득 내면아이의 음성이 들렸다.

"왜 그랬어?"
"뭐가?"

나는 내면아이의 말을 이해하지 못했다. 주어도 없는 질문이라니.

"나는 왜 이렇게 버려져 있어?"

그 질문은 충격적이었다. 사실 난 꽤 오래전부터 명상을 해왔다. 그러고 보니 나는 스스로를 돌아보고 대화를 시도하는 명상은 그다지 않았던 것이다. 내가 해온 것이 헛된 것임을 알았다.

"미안해."

일단 다짜고짜 사과를 했다. 우리의 대화는 그때부터 서서히 이루어지

기적을 현실로 만드는 생각의 힘

기 시작했다. 나의 내면아이는 꼭 내가 짜증을 낼 때처럼 나에게 짜증을 내고 화를 냈다. 솔직히 내 무의식이라지만 나도 짜증이 났다. 대체 언제까지 이 대화를 이어가야 하는가. 그리고 우리는 조금 더 대화가 다르게 이어지기 시작했다.

"나를 사랑해줘. 너무 외로워."

나는 극도의 외로움을 느끼고 있었다. 스스로조차 사랑하지 못하고 믿지 못했기 때문에 내 내면의 아이는 힘들어했다. 외면 받는 아이가 사고를 치는 것처럼 내 내면아이 또한 그랬다. 스스로를 돌아보게 하기 위해서 나를 잘못된 방향으로 이끌게 된 것 같았다. 나는 그때부터 아이에게 끊임없는 사랑의 확언을 했다. 사실 이렇게 하는 것이 도움이 될까 싶었다.

"근영아, 사랑해. 근영아, 너가 최고야. 근영아, 나만은 너를 믿고 있어…."

기분이 매우 이상했다. 하지만 내면아이가 듣든 말든 나는 계속해서 되뇌었다. 그리고 어느 순간 내면아이는 투정을 멈추고 나를 응시하며 슬며시 웃었다. 그러면서 내 주위 또한 서서히 변화되기 시작했다. 내 주변은 항상 적들뿐이라고 생각했다. 나를 좋아하는 사람은 없고 나를 배척한다고 생각했다. 그래서 나는 사람과의 관계가 매우 싫었다. 내가 나를 받아들이니 내 말투와 행동이 변화되기 시작했다. 말투는 보다 부드러워지고 행동에서도 공격성이 많이 사라졌다. 다른 이들의 실수나 잘못에도 관용적으로 변했다. 화내는 빈도가 줄었다. 그러자 주변은 나를 부드럽게 감싸 안았다.

내면아이와의 대화를 하고 5년 정도가 지나니 사람들은 나를 화내지 않는 사람이라고 했다. 그것이 신기했다. 나는 내 친구들조차 공격성이 강하다고 비판했으니까. 하지만 더 이상 그런 소리는 나오지 않았다. 남을 탓하기 전에 나부터 돌아보고 내 행동을 항상 감시하기 시작했다. 물론 이렇게 해도 실수와 잘못은 있었다. 내 실수와 잘못은 내면아이의 상처를 만들어낸다. 그럴 때마다 나는 다시 아이를 보듬었다.

"괜찮아. 제대로 다시 하면 돼. 인정해. 다시 시작해. 진심을 보여."

충고하고 부드럽게 이야기했다. 내면아이의 공격성은 더욱 줄었다. 그제야 나는 세상이 조금 더 다르게 보였다. '아아. 내가 스스로 벽을 쌓았구나. 내가 만든 견고한 성에서 실체 없는 적을 향해 화살을 쏘았구나. 내가 남을 공격하니 남도 나를 공격하는구나.' 이러한 것을 깨달았다.

세상을 변화시키는 데는 큰 것이 있지 않았다. 내가 나를 무조건적으로

기적을 현실로 만드는 생각의 힘

사랑하고 인정하는 것. 거기에 있었다. 내 가슴의 상처를 치유해야 진짜 외부를 바라볼 수 있는 것이다. 여기에 내가 무시했던 사소한 기적이 숨어 있었다. 나의 내면아이는 지금 어떤 생각을 하고 있을까?

● **기적을 일으키는 한마디**

"나는 멋진 사람이다."

저는 매일 거울을 보면서 저를 평가합니다. 좋게 말이죠. 사람들이 보면 자화자찬한다고 비웃습니다. 그래도 저는 매일 꾸준히 합니다. 그러다 보면 정말 제가 원하는 동안 외모로 변하더군요. "나는 멋진 사람이다!" 이 말은 내 존재에 대한 정의라고 보면 됩니다. 우리는 정의된 것의 틀에 따르려 하는 습관이 있습니다. 내 존재에 대한 명확한 정의를 내려보세요. 그러면 그것은 결국 자기암시가 되어 나를 바꾸게 됩니다.

2
나는 내 감정에 솔직하다

이성이 인간을 만들어냈다고 하면, 감정은 인간을 이끌어간다.
– 장 자크 루소(프랑스의 계몽사상가)

내 감정에게 선물을 주어라

나는 매우 공격적인 사람이다. 항상 가시 옷을 두르고 날카로운 혀의 창을 휘둘렀다. 내 속은 항상 부정적이었다. 감정은 항상 우울했으며 비판적이었다. 모두가 적이었기에 세상을 꼬아서 봤다. 나는 내 감정의 근원을 알아차릴 수 없었다. 내면아이와 대화하기 전까지는!

내면아이는 나에게 감정을 보라 했다. 감정은 나를 알아차리는 기본적인 척도다. 현재 내가 어떤 상황에 놓였는지 정확하게 알 수 있다. 이것을 유인력의 법칙과 합치면 내가 현실을 창조할 수 있는 기점을 짚어낼 수 있다.

우리는 에너지로 이루어진 존재이다. 이 세상 또한 거대한 에너지로 이

기적을 현실로 만드는 생각의 힘

루어져 있다. 내 안에서 뿜어져 나오는 직접적인 에너지로는 감정이 있다. 이것은 우주의 에너지와 연결이 된다. 같은 주파수끼리 이어지는 것이다. 내 감정이 부정적, 그러니까 우울, 불안, 초조함과 같은 감정은 부정적 주파수와 연결된다. 힉스 부부의 저서 『유쾌한 창조자』에서는 "감정은 근원 에너지와 일치된 정도를 알려주는 표지판"이라고 말했다. 우주는 많은 정보와 에너지를 보유하고 있다. 라디오 주파수를 맞추듯이 어디에 일치되어 있느냐에 따라 현실에 나타나는 것이 다르다. 그래서 내 감정 주파수가 어디에 놓여 있는지 빠르게 알아야 한다.

나는 항상 불안감과 초조함이 내재되어 있는 사람이다. 사실 이 감정이 어디서 기인한지는 어렴풋하게 알아차렸지만 고치는 것이 힘들었다. 그래서인지 나의 불안감과 초조함은 그러한 사건들을 끌어들였다. 처음에는 왜 그런지 알 수 없었지만 유인력의 법칙을 알고 난 뒤 같은 주파수끼리 만나 현실에 구현된다는 것을 깨달았다. 그래서 나는 이것을 고치는 데 많은 심력을 낭비했다. 하지만 감정을 다듬기에 앞서 가장 중요한 것은 내 감정을 정확하게 알아야 한다는 것이다.

우리는 많은 착각을 하며 살고 있다. 그중에는 감정에 관한 것도 있다. 내가 느끼는 것이 감정이라고 생각한다. 맞다. 표층적 감정은 그것이다. 그러나 내재된 감정은 알아차리지 못한다. 이것은 보통 습관으로 나타난다. 나의 경우에는 불안, 초조를 명상으로 해소한다고 착각했다. 하지만 손을 물어뜯는 습관으로 내재된 감정이 표출되었다. 이런 식으로 누구나 사소한 습관이 있다. 다른 예로는 거짓말을 할 경우에는 눈을 마주치지 못하거나 손을 꼰다든가 하는 습관이다. 그렇기에 우리는 진짜 감정을 알아차려야 한다.

내가 진짜 감정을 알지 못하면 결국은 헛된 손짓만 하게 되는 것이다. 감정을 알아차리려면 우선 현재 표층의 감정을 알아차려야 하지만 내 습관도 곰곰이 살펴봐야 한다. 내가 알아차리는 습관이 있을 수도 있고 모르는 습관이 있을 수도 있다. 그러니 주변의 도움도 적극적으로 받아야 한다. 그리고 명상을 하며 내 속을 비우는 것도 해보아야 한다. 명상은 나를 비우는 작업인데 이 과정에서 내 진짜 감정이 얼핏 보인다. 물론 누가 봐도 부정적인 사람은 금방 알아차릴 수 있다. 하지만 대부분은 자신이 긍정적이고 밝은 사람이라고 생각한다. 자신이 부정적이라는 사실을 믿고 싶지 않은 것이다. 부정적인 감정을 가지면 큰 잘못을 저지른 듯이 화들짝 놀란다. 놀라야 하는 것은 맞지만 죄는 아니다. 그렇지만 내 자신에게 저지르는 잘못인 것은 맞다.

내가 나를 사랑해야 하듯, 나는 감정으로 나에게 선물을 주어야 한다. 인간이 만들어낸 아름다운 창조는 밝은 감정으로부터 나오는 경우가 많다. 마찬가지로 내가 삶에 있어서 활기차게 살아가려면 밝은 감정을 가져야 한다. 세상의 속박 속에서, 규칙 속에서 살아가면서 괴롭고 힘든 감정

기적을 현실로 만드는 생각의 힘

은 늘상 우리를 힘들게 한다. 나도 학교와 직장 생활을 하면서 정말 미치고 울고 싶을 정도로 힘든 적이 있었다. 이러한 부정적 감정을 빨리 알아차렸기에 나는 이것을 빠르게 교정할 수 있었다. 그러나 정작 문제를 만든 것은 이러한 부정적 감정이 아니었다. 내가 스스로를 속이고 있었던 강한 긍정의 감정이었다. 바로 내가 위에 빠르게 교정했다고 생각한 그것이 나를 속인 것이다. 이것은 중요한 포인트다. 나처럼 힘들어서 상담과 치료, 명상을 통해 바꾸었다고 착각하는 경우가 대부분이기 때문이다. 이런 경우 내 표층은 변화가 되지만 심층 감정은 그대로이기에 내 상황은 결코 변화하지 않는다. 비웃는 것처럼 악화되는 경우도 많다.

감정을 알아차리려면 우선 내 감정의 그릇부터 비워야 한다. 그리고 거기에 채워진 감정을 살펴봐야 한다. 감정을 어떻게 비우냐고? 바로 명상이다! 눈을 감는다고 명상이 되는 것이 아니다. 그것은 눈 감고 멍 때리는 것과 같다. 그저 머릿속으로 감정을 바라보면 혼란이 찾아온다. 물론 직접적으로 다가와서 한 번에 알아차리는 감정도 있다. 그런 것은 괜찮다. 중요한 것은 내가 착각하는 감정이다.

감정의 신호등이 가리키는 것은 뭘까?

나는 하는 것마다 되는 일이 별로 없었다. 그래서 꽤나 오랫동안 자타공인 '마이너스의 손'이라 불렸다. 나는 항상 불안에 떨며 살았다. 내가 기억도 잘 못하는 어린 시절부터 '심계항진'을 겪었다. 심계항진은 두근거림을 심하게 느끼는 일종의 안 좋은 증세다. 불안한 것이 없음에도 불구하고 자주 느껴지는 그 증세로 인하여 모종의 불안감을 느꼈다. 그래서인지 나는 계속해서 불안감을 불러일으키는 사건을 몰고 다녔다. 명상과 수행도 이 불안감 때문에 시작을 하게 되었다. 그러나 나의 이 증세는 일시적으로만 좋아질 뿐 지속적으로 나를 괴롭혔다.

『시크릿』이 한국에 선을 보였을 때부터 책을 보며 유인력의 법칙을 이용하고 있던 시절이었다. 그럼에도 되는 일이 없어서 좌절감에 휩싸였다. 긍정적인 감정을 가져야 한다고 해서 나의 감정은 환희였고 기쁨에 차 있었다. 이건 분명히 내가 느끼는 감정이었다. 한편에는 불안감과 불신감이 있었음에도 나는 그것을 무시했었다. 무시하라고 했으니까. 그리고 그것이 내 머리가 속이는 감정이라는 것을 몰랐기에 계속해서 나는 실패해온 것이다. 나는 꾸준히 명상을 해왔다. 그렇지만 그 명상은 내 착각이 만들어낸 맛보기였다. 제대로 된 명상을 시작해 내 감정을 관조했다. 그리고 비로소 깊은 속의 감정이 서서히 떠오르기 시작했다.

현재에 대한 내 감정의 흐름에 주의를 기울여보았다. 내가 원하는 삶의 방향으로 가는지 아닌지에 대해 정확히 알 수 있게 되었다. 그것은 내면 아이와의 대화를 통해 알 수 있게 된다. 내면에서 나오는 긍정적 감정은 내 속에서 가지고 있는 의도와 조화를 하고 있다는 초록불이다. 부정적 감정은 조화와 불일치하고 있다는 빨간불이다. 나는 현실에 구현되는 것으로 이 방향을 짚었다.

진짜 감정은 강력한 유인력이 있어서 비슷한 사람들을 끌어당긴다. 그래서 자신의 감정을 정확하게 알기가 힘들다면 내 주변의 사람들을 관찰해보면 된다. 내가 부정적인 감정을 가지고 불안감에 떠돌았을 때 내 주변에는 불평불만이 가득한 사람들만 모였다. 나도 그 분위기에 익숙해 당연하게 생각했다. 내 감정의 주의를 돌려 긍정으로 선회하기 시작하자 주변도 바뀌기 시작했다. 꿈을 키우고 긍정적이며 진취적인 사람들을 만나게 되었다. 예전 같았으면 불평을 할 문제도 긍정적인 마음으로 극복하는 에너지로 가득 차게 되었다. 이것은 정말 중요하다. 감정은 물들기 때문에 내 감정의 신호등도 살펴봐야 하고, 내 주변의 신호등도 보아야 한다.

우리가 안전하게 목적지를 가려면 신호등도 잘 살펴야 한다. 그리고 길과 나와 동행하는 사람도 끊임없이 잘 살펴봐야 한다. 인생의 목적지를 향해 가는 것도 이와 같다. 내가 어느 길을 가는지, 그리고 내가 신호등은 잘 보고 삶의 횡단보도를 건너는지 보아야 한다. 내 감정의 신호가 빨간색인데 무시하고 건너면 결국은 사고가 난다. 거짓된 감정은 나를 기만하고 내가 원하는 삶이 아닌 반대의 삶으로 잡아당겨버린다. 잠시 눈을 감고 생각해보자. 지금 내 감정의 신호등은 무슨 색인가?

"내 삶은 작품이고, 완벽해지고 있다."

자화자찬은 아무리 해도 나쁘지 않습니다. 꾸준히 거울을 보며 또는 쓰면서 자신에게 찬사를 보내세요. 부모님과 가족이 나를 지지해주지만, 나를 지지해주는 것은 결국은 내가 최고입니다. 내 무의식은 내가 보내는 말에 가장 크게 반응합니다. 내면아이는 자화자찬을 좋아하고 그렇게 칭찬한 삶을 따라하고 싶어 합니다. 따라쟁이거든요. 작품과 같은 삶을 살고 싶지 않으세요? 전 그렇게 살고 싶어요. 우리는 소우주잖아요. 나를 칭찬하기 시작하면 우주처럼 완벽한 존재의 삶을 살 수 있습니다.

3
나는
더 나아질 수 있다

감정에서 벗어나 상황에 집중하면 통제감이 높아진다.
– 줄리 노럼(미국의 심리학자)

감정과 마주보라

대부분 사람들의 감정은 풍랑에 이는 파도처럼 격하게 움직인다. 하루에도 수십 번씩 변하는 것이 감정이다. 하지만 격하게 높낮이가 강한 감정의 파도는 결코 좋지 못하다. 대표적으로 안 좋은 예는 조울증이다. 조울증이 아니더라도 하루에도 몇 번씩 기분이 좋아졌다가 안 좋아지기를 수시로 반복한다. 이것은 내 감정의 신호와 맞물려서 어떨 때는 일을 잘 풀리게도 만들고, 꼬이게도 만든다.

우리는 흔히 '끼리끼리 논다.'라는 말을 쓴다. 무의식에 내재된 감정은 그 어떤 것보다 강력한 유인력을 만들어낸다. 그래서 자석처럼 내 감정에 따라서 주변인들은 같은 감정 주파수를 가진 사람들끼리 모이게 된다. 그리고 그 감정들은 빠르게 사람과 사람 사이를 건너게 된다.

내가 부정적인 감정을 가지게 되면 같은 부정의 주파수를 가진 사람들과 함께하게 된다. 그리고 부정적인 이야기와 감정을 공유하게 된다. 이것의 가장 무서운 점은 누가 더 어려움에 처해 있는가를 경쟁하게 된다는 것이다. 우리는 서로 누가 더 잘나고 좋은가에 대해서는 크게 나서질 않는다. 잘난 척한다고 생각하기 때문이다. 그러나 부정적인 감정, 힘든 것에 대해서는 아낌없이 쏟아내고 더러는 과장도 섞는다. 그리고 내가 더 힘들다며 너는 아무것도 아니라고 하면서 위로 아닌 위로를 한다. 이것은 더욱더 깊은 부정의 늪으로 빠지게 만드는 원인이다.

이때 주의해야 할 점은 내 감정의 신호등을 정확하게 바라보아야 한다는 것이다. 그리고 빠르게 부정의 늪에서 헤어나와야 한다. 부정적인 감정은 모순적이게도 꽤나 달콤하다. 계속해서 그 상태에 머무르기를 원한다. 긍정적인 감정은 빠르게 식어버리지만 부정적인 감정은 잉걸불처럼 끈질기게 남아 있다. 그렇기 때문에 나는 이런 부정의 늪에서 벗어나려고 발버둥을 쳤다. 그리고 내 감정과 마주한 순간 나는 감정의 파도를 조각할 수 있었다.

나는 다혈질이라는 소리를 많이 듣는다. 말보다 감정이 앞서 나갔다. 화가 나면 그 화를 못 이겨 울음을 터트렸다. 감정만 보여서 왜 화를 내는지 그 본질도 잊어버린 적도 많았다. 그래서 내 주변에는 사람이 거의 없

기적을 현실로 만드는 생각의 힘

었다. 너무나도 제멋대로고 감정을 통제하지 못했기 때문이다. 이때의 내 감정은 폭풍으로 일렁이는 해일에 비교해도 과하지 않았다. 금방 기분이 좋아졌다가, 격하게 나빠졌다가 울었다. 감정이 지나간 후에는 후회만이 남았고 나는 더 이상 이렇게 내 감정을 방치해서는 안 되겠다고 생각했다. 감정을 다스리지 못하는 것도 문제였고, 후회만 남는 것도 큰 문제였다. 그리고 가장 큰 문제는 내 곁에 남아 있는 사람이 없었다. 지독한 외로움을 겪은 후 나는 이것을 교정할 필요성을 느꼈다.

그런 순간에 나에게 책이 하나 찾아왔다. 에스더 힉스 & 제리 힉스의 『기분 좋게 살아라』였다. 감정을 어떻게 알아차려야 할지, 나의 부정적인 생각을 어떻게 변화시켜야 할지에 대해 나와 있었다. 나는 구체적인 예시가 없으면 이해를 잘 못하는 편인데 이 책은 어떤 식으로 생각하면 좋을지에 대한 예시가 풍부하게 녹아 있었다. 그래서 나는 내 생각을 천천히 살펴보기 시작했다. 그러나 생각으로 생각을 살펴보니 헷갈렸다. 나는 종이와 펜을 준비해서 노트에 생각을 적어갔다. 혼잡했던 생각들이 정리가 되었다. 내가 평소에 어떤 부정적인 감정을 가졌는지, 그 감정은 또 어떤 감정을 불러왔는지에 대해서 확실하게 보였다. 게다가 적으니 그 감정을 바라보는 내 현재 감정도 보였다. 그래서 그것도 추가로 적었다.

감정을 여러 날에 걸쳐서 정리하다 내가 생각하는 긍정적인 언어로 순화하며 알고리즘을 만들기 시작했다. 나는 공식화된 매뉴얼이 없으면 상당히 방황하는 사람이라 내 감정의 매뉴얼이 필요했다.

자신의 감정을 직시한다는 것은 매우 어렵다. 직시하더라도 그 감정에 대해 정의하기 어렵다. 대개 감정은 복합적인 경우가 많기 때문이다. 그 누구도 바로 자신의 감정을 알아차릴 수 없다. 이것은 철저한 훈련이 되어야 한다. 훈련이 되면 그때부터는 감정에 대해 빠르게 교정이 가능하다. 나는 이 훈련을 한 후에 화가 많이 줄었다. 불평불만도 현저하게 감소했다. 물론 여전히 본능적으로 불평불만이 터져 나오지만 빠르게 교정을 시행했다. 감정이 여전히 불편할 때는 EFT 타법을 하며 가라앉혔다.

이제 사람들은 더 이상 나에게 신경질적이라는 소릴 하지 않았다. 나에게 분노에 가득 찼다는 말을 하지 않았다. 간혹 당혹스러운 찬사도 들었다. 그리고 그 찬사를 들을 때마다 나는 점점 내 감정 교정에 대한 확신을 가졌다. 감정을 다듬는 것은 불안한 나의 감정을 가라앉히는 데도 효과적이었고 외부에 비춰진 나에게도 긍정적이었다. 그리고 내 근원적인 불안감도 많이 감소했다.

변화에는 나의 의지가 필요하다

빈센트 반 고흐는 평생을 우울증에 시달리면서 자해를 반복하다가 결국은 자살로 생을 마무리했다. 그는 그 감정을 예술로 풀고자 했다. 그러나 두리뭉실하게 해소하는 것이 아닌 직접적으로 감정을 마주하여 순화하고자 했다면 그는 그렇게 비참하게 삶을 마감하지 않았을 것이다. 이

시대에는 여러 의미로 우울감이라든가 좌절감, 분노감을 가진 사람들이 많다. 나 또한 그 감정 안에서 살아왔다. 그래서 그런 감정이 나에게 미치는 영향을 누구보다도 잘 알고 있다. 부정적인 감정은 나를 잡아먹지만 사람들은 그것을 쉽게 알아차리지 못한다. 우울증을 가진 사람들이 의외로 정상적인 생활을 하는 것을 아는가? 내 주변에 우울증을 가진 지인은 내가 끊임없이 당신은 우울증이니 제대로 된 치료를 받으라고 말을 해도 듣지 않았다. 오히려 자신은 멀쩡하고 정상이라는 것이다. 그러나 내가 보기에는 그렇지 않았다. 그 사람은 예전에 내가 깊은 우울감에 빠졌을 때의 감정 패턴을 가지고 있었다. 수시로 감정이 왔다 갔다 했다. 결국은 그는 병원에도 가지 않았다. 자신의 감정을 제대로 바라보지 못했기 때문에 그것을 교정해야 할 필요성조차 느끼지 못한 것이다.

감정을 교정하는 데 있어 선행되어야 할 것이 있다. 바로 자신이 변화되어야 한다는 의지이다. 우리 속담에 "평양감사도 제 싫으면 그만"이라는 말이 있다. 말 그대로 그 좋은 것도 자신이 싫으면 의미가 없다는 것이다. 위의 지인이 스스로 바꾸고자 하는 의지가 있었으면 좋은 선생님을 소개시켜줬을 것이다. 그가 나처럼 유인력에 관심이 있었다면 감정 교정법을 가르쳐주었을 것이다. 그러나 그는 그 무엇도 받아들이지 않았다. 결국 나는 그 지인을 포기했고, 나로부터 차단했다. 내 감정까지 같이 우울해지고 지치기 때문이다.

나처럼 힘든 감정에 빠졌던 사람들은 자신의 감정을 알아차리지 못한다. 그래서 그것을 교정할 필요성을 못 느끼는 경우가 대부분이다. 감정이 부정적이어도 살아가는 데는 전혀 지장이 없기 때문이다. 하지만 자신의 감정이 어딘가 이상하다고 느껴진다면 한번쯤은 되짚어봐야 한다. 그 감정은 남들도 힘들게 만든다. 다른 사람들의 긍정적인 부분까지 잡아먹고 기운을 빠지게 만든다. 나는 이들을 '에너지 뱀파이어', '드림 킬러'라고 부른다. 이제는 그 감정에 휘둘리지 않을 확신이 어느 정도 생겼지만 여전히 힘들게 하는 사람들은 외면하고 있다. 그들은 내가 적극적인 도움을 줘도 오히려 내 희망마저 꺾어버린다. 외부의 도움조차 차단하는 것이다.

재미있는 기독교 이야기가 있다. 신앙심이 깊은 어떤 사람이 홍수가 나서 자신의 집 지붕에 올라가 하느님께 구해달라고 기도했다. 곧 바로 통나무가 바로 지붕 위까지 흘러가고 있었다. 그러나 그는 외면하고 다시 기도했다. 얼마 뒤 보트가 나타나 구해주겠다고 했지만 그 사람은 거부했다. 또 구해달라고 열심히 기도했다. 이번에는 헬기가 나타나 구조를 시도했다. 결국은 그는 불어난 홍수에 사망했다. 기도를 열심히 했는데 죽어서 억울한 그는 하느님께 따졌다.

"왜 열심히 기도했는데 구해주지 않으십니까?"

기적을 현실로 만드는 생각의 힘

그러자 하느님이 말했다.

"나는 너에게 통나무도 보냈고, 보트도 보냈으며, 헬기도 보냈다. 그러나 너는 그것을 다 거부했다."

이 이야기는 결국 자신이 기도로 무엇을 원하는지를 봐야 한다는 것이고 외부의 도움을 적극적으로 받아들이라는 이야기다. 감정도 마찬가지다. 내 감정이 어디로 향하는지 바라봐야 하고 그 감정으로 힘들 때 책이나 다른 사람의 조언을 받아들여야 한다는 것이다. 이제부터 내 감정의 파도를 봐야 한다. 얼마만큼 일렁이고 위협적인지. 그리고 그것을 잔잔하게 다듬어야 한다. 거센 파도가 나를 위협하지 않도록!

"이제 마음 속 창고를 깨끗하게 정리할거야!"

내 마음 속에는 온갖 감정의 찌꺼기들이 남아 있습니다. 이것은 내가 인식하지 못하는 경우가 많습니다. 좋은 기억에 대한 찌꺼기는 집착이 되고, 나쁜 기억에 대한 찌꺼기는 트라우마가 됩니다. 이 모든 기억들은 결국은 내 습관을 만들어내고 행동을 이끕니다. 그리고 그 행동에 맞춰 내 생각을 교정합니다. 행동에 나를 맡기기 때문에 주체적으로 살 수 없게 됩니다. 그렇기 때문에 좋은 기억도, 나쁜 기억도 정화하고 흘려보내야 합니다. 고인물은 썩습니다. 생각의 고인물을 깨끗하게 비우세요. 내 무의식의 한 켠에 켜켜이 쌓여 있는 더러운 창고를 청소하세요. 개운하게 다시 시작할 수 있습니다.

"축구를 꿈꾸며 심장병을 이겨내다"
– 크리스티아누 호날두

축구 스타를 떠올리다 보면 그 중에 크리스티아누 호날두가 한번쯤은 생각날 수 있습니다. 그는 많은 기부와 정기적인 헌혈로 유명한 축구선수입니다.

그는 어린 시절을 심각한 가난과 마약 중독자 가족과 함께 했습니다. 어머니의 외벌이로 100만 원 남짓한 돈을 벌면 대부분은 아버지의 마약 값으로 들어갔죠. 힘든 상황에서 가난한 그가 관심을 보였던 것은 동네 또래들이 하던 축구였습니다. 우연히 날아온 축구공을 차고는 인생에 굉장한 희열을 느꼈고, 자신의 인생의 길을 찾았다고 느꼈습니다. 그러나 아무도 그를 끼워주지 않았습니다. 결국 너무 하고 싶은 나머지 축구공이 없어 빈 깡통을 차거나 양말을 말아서 차고 다녀야 했었죠.

어느 날 호날두는 어머니에게 말했습니다.

"어머니, 전 축구선수가 되고 싶어요."

"우리 집이 가난하다는 건 너도 알잖니."

어머니는 매우 고심했지만 결국은 가장 저렴한 가격의 축구팀에 그를 입단시켰습니다. 그러나 그곳에서도 그는 제대로 축구를 할 수 없었습니다. 가난이 그를 붙잡았죠. 가난을 이유로 제대로 패스를 시켜주지도 않았고 모든 뒷정리는 그의 몫이었습니다. 그래도 하고 싶다는 일념 하나로 다녔지만 어느 날 청천벽력 같은 말을 들었죠.

"너는 심장이 남들보다 두 배로 빨리 뛰기 때문에 축구선수는 힘들 것 같구나. 네가 만약 제대로 수술을 받고 재활을 한다면 가능은 하겠지만…."

그는 자신의 형편이 어렵다는 것을 알고 있었습니다. 그렇지만 절대 축구의 꿈을 포기할 수는 없었죠. 반드시 해내야 했습니다. 죽더라도 포기할 수 없는 길. 그것을 위해 그는 모험을 했습니다. 어려운 환경에서 도움을 준 것은 가족이었습니다. 마약 중독자였던 아버지와 형은 그를 위해 취직을 했습니다. 어렵게 1년간 돈을 모은 후 수술비를 마련했고 수술을 했습니다.

수술은 성공적이었고, 그는 충분한 재활 치료를 한 뒤 데뷔전을 했습니다. 그리고 얼마 뒤 받은 한 통의 전화.

기적을 현실로 만드는 생각의 힘

"당신을 우리 팀에 이적시키고 싶습니다."

그 팀은 바로 맨체스터 유나이티드였고 퍼거슨 감독이 직접 영입 제의를 한 것입니다. 축구인이라면 한번쯤 꿈꾸는 그 구단에서 제의가 들어온 것입니다. 크리스티아누 호날두는 눈물을 흘리며 집으로 연락을 했죠.

"어머니, 더 이상 청소부 일을 하지 않으셔도 됩니다."

그리고 그는 엄청난 활약을 하는 축구 스타가 되었습니다. 그는 축구선수로 활동하며 자신의 몸 관리를 철저히 하며 정기적으로 헌혈을 하는 사람으로도 유명합니다. 그리고 많은 기부를 통해 어려운 사람들을 돕는 데도 적극적입니다. 자신이 힘든 시절을 겪었고, 자신처럼 어려움 속에서도 꿈의 꽃을 피우고 따라가는 사람이 있다는 것을 알기 때문이죠.

세상에 불가능이란 없습니다. 불가능을 만들어내는 것은 자신의 마음이죠. 내 마음 속에 확신이 생긴다면 그 어떤 역경도 이겨낼 수 있는 환경이 만들어집니다. 자신의 꿈을 꾸세요. 그리고 그 꿈에 확신을 가지세요. 그러면 그 꿈을 이루는 장애물은 더 이상 보이지 않을 것입니다.

4
나는
원하는 것을 얻는다

누구나 자기 시야의 한계가 세상의 한계인 줄 안다.
– 아서 쇼펜하우어(독일의 철학자)

원하는 것에 집중하라

"돼지 눈에는 돼지가 보이고, 부처님 눈에는 부처님이 보인다."라는 말이 있다. 이 뜻을 모르는 사람은 없을 것이다. 사람은 자신이 원하는 것만을 보고 듣고 느낀다. 나도 마찬가지다. 우리는 에너지로 이루어진 생명체다. 에너지는 신기한 속성이 있는데 바로 비슷한 것들끼리 강력하게 끌어당긴다는 것이다. 그것을 우리는 유인력이라 부른다. 마치 중력이 이유 없이 그러하듯 비슷한 에너지의 결속도 마찬가지다.

그래서 내 지인들은 긍정적인 사람들이 대부분이다. 나는 이들을 '꿈맥'이라고 부르는데 내 꿈을 지지해주는 사람들이라는 뜻이다. 책을 쓴다고 하면 보통은 지인들이 부정적인 반응을 보이면서 좌절감을 준다고 한다.

기적을 현실로 만드는 생각의 힘

그러나 내 지인의 대부분은 긍정적인 반응을 보였고 강하게 지지했다. 더불어서 생각지도 못한 격려와 응원까지 받았다. 나는 내 지인들이 이런 반응을 보인 것에 깊은 감사를 느꼈고 행복했다.

우리는 평생을 비슷한 환경에서 살아간다. 격한 계층적 이동은 없는 시대이기 때문이다. 더 이상 "개천에서 용 난다."라는 말을 아무도 하지 않는다. 그만큼 사회가 경직되어 있는 것이다. 자신을 둘러싼 사회가 한정되어 있기 때문에 경험하는 것도 그 테두리 안에서 이루어진다. 당연히 사고방식도 그 계층의 것을 가지게 된다. 로또에 당첨된 사람이 오래 지나지 않아서 빈털터리가 된 일화는 흔하게 듣는다. 그것은 그들이 빈자의 사고를 가지고 있기 때문에 부유하게 되었더라도 관성에 의해 다시 돌아가게 되기 때문이다. 내가 부유함을 가졌다는 것을 보고 느껴야지 그 관성에 끌려가지 않을 수 있다.

트럼프는 조만장자이다. 그의 재산은 3조를 헤아린다. 그런 그도 망해서 빈털터리가 된 적이 있었다. 그러나 그는 멋지게 재기해서 전보다 더 재산을 모았다. 그렇게 된 것은 트럼프는 가난하게 되었을지라도 자신의 시야를 조만장자에 맞추었기 때문이다. 원하는 것을 바라본다는 것은 의식 수준을 그곳에 두어야 한다는 것이다.

우리는 머릿속에 인지하는 것만으로 의식을 그곳에 두었다고 생각한다. 그러나 그것은 크나큰 착각이다. 의식 수준은 표층적 생각이 아닌 무의식에 있다. 거기에서 나의 기본적인 사고방식이 나오게 된다. 그래서 내가 '나는 부자다.'라고 아무리 생각을 해봤자 내 무의식이 '나는 가난하다.'라고 인지한다면 나는 결국 가난한 상태에 머무르게 되는 것이다. 그러면 표층적 생각을 바꾸는 것은 의미가 없는가? 그렇지 않다. 무의식을 바꾸려면 우선 표층의식부터 변화시켜야 한다. "말이 씨가 된다."라는 속담이 있다. 반복해서 말하다 보면 그것은 내 깊숙한 내면으로 파고드는데 이것을 확언이라고 한다. 결국 보고 싶은 것을 보려면 내면의 의식부터 바꿔야 한다.

나는 내가 기억하는 어린 시절부터 부정적인 생각으로 가득 차 있었다. 그러다 보니 나는 무엇을 보더라도 삐딱한 시선으로 바라보았다. 자연히 말투도 잘 나올 리가 없었다. 내가 보는 세상은 정말 부조리하고 비합리한 일투성이인 세계였다. 그래서였을까? 내 주변에는 부정적인 말을 하는 사람들뿐이었고, 솔직히 말하면 좋은 일도 없었다. 나는 그 상황이 너무 싫었다. 그것은 다시 또 부정적인 생각으로 가서 꼬리에 꼬리를 물었다. 내가 무엇을 해도 실패 투성이었다. 똑같은 사은품을 받아도 내 것은 불량품이었다. 내가 아직 유인력을 모르던 시절에 강하게 원하던 것이 하나 있었고, 그것을 끌어당긴 적이 있었다. 나는 당시 플레이스테이션2를 가지고 싶었다. 그러다 보니 나의 모든 시선은 거기에 집중이 되어 있었다. 어찌나 가지고 싶었던지 집중이라는 것을 도통 모르는 내가 시간만

나면 플레이스테이션2에 대한 생각만 했다. 내가 생각해도 그것에 대한 생각에 푹 빠져 있었다. 마치 사랑에 빠진 것처럼 말이다. 어느 날 전화가 한 통 왔는데 이벤트 당첨이 되었는데 개인정보를 보내주지 않아 발송을 못한다는 내용이었다. 사이트로 가서 확인해보니 3등, 플레이스테이션2에 당첨이 된 것이다. 나는 결국 내가 강하게 생각한 대로 현실에서 보게 된 것이다.

진짜로 원하는 것을 현실에서 보고 싶다면 그것과 사랑에 빠져야 한다. 열정적인 구애를 해야 한다. 그것이 결국 나를 허락할 수 있게끔 말이다. 그렇다고 집착하면 안 된다. 스토커에게 사랑을 느낄 수는 없으니까. 정말 소중하고 사랑스러운 아기를 보듯, 또는 연인을 보듯 부드럽고 강한 애정과 소중함에 푹 빠져야 한다. 그것이 정말 현실에 나타난 것처럼 말이다.

좋은 점을 찾아보면 좋은 것이 보인다

인간관계도 비슷하게 이루어진다. 내가 어떤 사람에 대해 화남, 짜증남과 같은 부정적인 감정을 느끼게 되면 그 사람뿐만 아니라 내 인간관계의 전반이 부정적으로 나타난다. 나는 전 직장에서 정말 싫은 사람이 있었다. 정말 어찌나 고약했던지 내 동기들이 들어온 지 1달도 안 되어서 퇴사를 했다. 당연히 내게도 좋게 할 리가 없었다. 그 사람에 대한 감정은 부정의 끝으로 치달았고, 그 사람은 나에게 상처를 주었다. 그때의 내 자존감은 정말 바닥이었다. 천하의 쓰레기가 된 기분이었고, 할 줄 아는 것이 없다고 생각했다. 입만 열어도 울먹거리고 출근을 하는 것이 지옥과 같았다. 그 사람은 부서에 10년 넘게 근무했던 베테랑이었기에 쉽게 다른 파트로 갈 리가 없었다. 어떻게 몇 달을 버텨야 하나 정말 눈앞이 깜깜했다. 숨도 쉬어지지 않을 정도였다. 결국 나는 간단한 상담과 함께, 내 마음에 집중하기로 했다. 그때는 내 마음이 모든 것을 좌우한다는 것을 알았기 때문이었다. 상담은 1회로 충분했었다.

나도 내 마음을 바라보고 그 사람에 대한 나의 감정과 시선에 집중했다. 어찌나 엉망진창이었던지 그 사람의 이름만 떠올려도 화가 치솟았다. 그리고 그것을 흘려보냈다. 흘려보내는 것은 쉽지 않았다. 그냥 분노의 감정이 어떻게 가는지 보았다. 감정은 신기한 것이 집착하지 않고 자연스럽게 흘러가도록 하면 잔잔해지는 속성이 있다. 그 후에 나는 그 사람에 대한 나의 시선에 집중했다. 당연히 곱게 보이질 않았다. 단점만 수두룩하게 보였다. 나는 그 사람의 좋은 점에 집중하려 했다. '그래, 그 사람은 일을 잘해.', '환자에게는 친절해.', '사막에 던져놔도 잘 살겠네.' 등등 반쯤은 좋은 점인지 헷갈리는 장점을 나열했다. 그러면서 그 사람이 없으면 내 감정이 어떤지를 떠올렸다.

그리고 변화가 일어났다. 불과 두 달도 안 되어서 그 사람은 다른 부서로 발령이 났다. 정말 뛸 듯이 기뻤다. 아무도 그 사람이 인사 발령이 날

기적을 현실로 만드는 생각의 힘

것이라 생각하지 못했기 때문이다. 왜 났는지, 심지어 일하던 부서와 전혀 관계없는 곳으로 발령이 났다. 그 후 나는 정말 그 곳을 퇴사할 때까지 즐겁게 다녔다. 바로 내가 그 사람이 없는 부서를 보고자 했기 때문이다.

내가 원하는 것에 집중하고 시선을 둔 이후로 내 고정관념을 깬 것들은 대부분 이룬 편에 속한다. 그 후 나는 소소한 이벤트 같은 것에 당첨이 잘 되었다. 로또 5등 당첨은 이상한 일도 아니었다. 주차 자리 정도는 손쉬웠다. 다시 말하지만 원하고자 하는 대상과 사랑에 빠져야 한다. 꿈과 같은 아름다운 사랑 말이다. 아무리 싫은 것이라도 사랑에 빠져야 한다. 그러면 그것이 좋은 방향으로 돌아서거나 아예 없는 상태가 되어버린다. 내가 빨간 차에 집중하면 하루 종일 빨간 차만 보인다. 내가 짜증에 집중하면 내내 짜증나는 일만 생긴다. 내가 주변을 사랑하고 모든 것에 축복하는 것에 집중하면 세상이 나를 사랑하고 축복해준다. 주고받기 게임과 같다. 내가 1을 주었으니 1을 받는다.

나는 이러한 단순한 내면의 시선 집중으로 원하는 것을 얻을 수 있다는 것을 알았다. 원하는 것에 집중하는 것만으로 세상의 축복을 얻는 세상은 얼마나 아름다운가?!

"좋은 것만 우리 집으로 들어옵니다. 감사합니다."

우리는 나갔다가 들어오면 온갖 감정을 이끌고 옵니다. 좋은 감정도 있지만 나쁜 감정도 가득 안고 오죠. 그러면 그 기운은 집안에 머물게 됩니다. 그래서 기분전환으로 문 앞에 호랑이 그림을 두기도 하고, 해바라기를 장식하기도 합니다. 이런 것으로 집안의 기운을 순환시키는 것도 좋지만, 나의 감정 자체를 정화하는 것이 가장 효과적입니다. 뭐든지 해결을 하려면 뿌리부터 해결해야 하죠. 내 집안의 기운의 뿌리도 나로부터 시작합니다. 오늘의 내 감정을 되짚어보세요. 그리고 그것을 흘려보내세요. 그러면 집안의 나쁜 기운도 나갑니다.

5

내 안의 희망을
믿는다

좋은 일을 생각하면 좋은 일이 생긴다. 나쁜 일을 생각하면 나쁜 일이 생긴다.
여러분은 여러분이 하루 종일 생각하고 있는 것 바로 그것이다.
— 조셉 머피(미국의 정신의학자)

나를 바꾸는 질문을 하라

나는 항상 부정적이고 우울감을 안고 살았다는 것을 누차 말한 적이 있
다. 나는 이토록 어둡고 한심하게 살았다. 나를 바꾸기로 생각한 그 순간
부터 희망이라는 단어를 생각했다. 그때의 나는 희망이라는 단어가 매우
싫었다. 뜬구름 잡는 소리처럼 들렸다. 하지만 어차피 바꾸기로 한 것, 긍
정적인 마인드로 무장하기로 했다. 하지만 사실 거기에서 막혔다. 어떻게
할까 고민하던 중, '확언'이라는 것을 알게 되었다.

확언은 내가 하고자 하는 것을 세상에 선언하는 말이다. 말에는 신비한
힘이 있다. 내가 진심으로 온 힘을 담아 하는 말은 이룰 수 있다. 그러나
대부분은 원하는 것을 이루고자 확언을 해도 되지 않는다. 바로 내 무의

식과 충돌을 일으키기 때문이다. 무의식은 고집이 대단하기 때문에 반대되는 말을 하면 바로 부정한다. 예를 들어 돈에 대한 확언을 한다고 치자.

"나는 부자야!"
"나는 억만장자야!"
"돈은 쉽게 벌어."

이런 확언을 해도 보통은 이루어지지 않는다. 바로 내면의 무의식은 그렇게 생각하지 않기 때문이다.

"나는 가난해. 흙수저야."
"억만장자는 아무나 되나?"
"돈은 어렵게 벌리는 거야. 거저 얻는 것이 아니라고!"

이런 말로 반박하기 때문이다. 이런 확고한 무의식을 달래기 위해서는 고집 센 어린아이의 마음을 돌리듯 살살 달래야 한다.

나의 어두운 마음을 돌리기 위해서 내가 한 확언은 이랬다.

"나는 긍정적인 사람이다."

"나는 하는 일마다 잘되는 행운아다."

"내 주변에는 항상 즐거운 일만 생긴다."

초반에는 당연하게도 안 됐다. 잠재의식이 거세게 저항했기 때문이다. 여기서 나는 또 좌절을 겪었다. '역시 난 뭘 해도 안 되는 것인가.' 그러나 어차피 변하기로 결심한 것 다른 방향으로 해보기로 했다.

"왜 나는 긍정적인 사람일까?"

"왜 나는 하는 일마다 잘될까?"

"왜 항상 내 주변에는 즐거운 일만 가득할까?"

이 확언의 힘은 강력했다. 우선 질문형이다. 우리는 무언가를 확신 있게 말하면 그에 대한 이유를 찾기 시작한다. 사실 확신을 안 가져도 이유를 찾는다. 그 이유는 내 말에 신뢰성, 당위성을 부과하기 위해서다. 질문형도 마찬가지다. 이때 중요한 것은 반드시 긍정적인 내용을 써야 한다는 것이다. 부정적으로 하면 부정적인 당위성을 찾게 된다. 결국 나는 내 질문형 확언에 답을 얻었다. 단순히 질문을 던졌을 뿐인데 나를 둘러싼 에너지가 바뀌었던 것이다.

하루는 지인과 아무렇지 않게 이야기를 나누었는데 묘하게 거슬리는 것을 알아차렸다. 바로 그 지인이 부정형 질문 확언을 했기 때문이다.

"나는 왜 하는 일마다 안 돼?"
"왜 나는 남자 보는 눈이 없지?"
"우리 집은 왜 이 모양 이 꼴이야?"

당연히 그녀의 주변 에너지는 그녀가 한 질문에 대한 답을 주기 위해 열심히 움직였다. 그리고 그것은 다시 부정적으로 그녀에게 안겼다. 그것을 알아차린 직후 나는 왜 내 마음이 불편한지 알았고, 그 감정에 전염되지 않기 위해 바로 교정을 시도했다. 일단 그 지인에게 결코 질문으로 신세 한탄하지 말라 했다. 그녀 자신과 주변의 작은 장점이라도 찾아보라고 했다. 그녀는 나의 몇 가지 조언을 듣더니 그러겠다고 했고, 연습도 해봤다. 한 달 뒤 만난 지인은 그대로였는데, 다시 그녀는 부정적인 관성을 이기지 못하고 원래로 돌아갔다. 나의 기운까지 잡아먹는 드림 킬러였기 때문에 나는 그녀와 거리를 두었다. 안타까웠지만 본인이 바꾸겠다는 강력한 의지 없이는 그 무엇도 되지 않기 때문이다.

나를 해치는 사람들과 헤어지자
내가 정말 꿈을 위한 긍정적인 확언을 하고자 한다면 내 주변의 나의 감정과 꿈을 짓밟는 에너지 뱀파이어, 하이에나들과 거리를 둬야 한다.

기적을 현실로 만드는 생각의 힘

이들은 내 꿈을 죽이는 드림 킬러일 뿐이다. 내가 원하는 것에 집중하기도 바쁜데 그들에게 신경 쓰면 장애물 넘기가 되어버린다. 그리고 나도 물들기 때문이다. '근묵자흑' 어두운 것과 가까이 하면 검게 물든다. 우리 선조들은 이미 그 이치를 알고 있었다. 나의 긍정적 에너지도 쉽게 물든다. 그렇기 때문에 그들을 강력하게 차단해야 한다.

확언은 나를 향한 다짐이다. 그렇기 때문에 장난으로 정하는 것이 아니라 진지하게 꿈을 선포해야 한다. 마치 온 국민에게 엄숙하게 선서하듯 말이다. 그리고 완성형 확언은 강력한 저항을 일으킬 수 있기 때문에 질문 확언을 하는 것이 좋다. 또한 질문 확언은 집착이 없다. 완성형 확언을 하면 강박관념을 가지게 되는 경우가 있다. 이것은 집착으로 이어진다. 그러나 질문은 말 그대로 질문이기에 내가 답을 내리지 않는다. 그냥 기다리면 되는 것이다.

나에게 있어 질문 확언은 정말 고마운 존재다. 이것을 통해 인격모독하며 내 자존감을 잡아먹는 드림 킬러와 결별할 수 있었다. 어쩔 수 없이 마주할 수밖에 없는 관계였기에 나는 그를 만날 때는 항상 스트레스에 시달렸다. 이것을 접한 이후로 질문형 확언을 하고 내 감정을 돌린 이후 그와 더 이상 만날 이유가 사라졌다.

나는 지금도 내가 원하는 질문 확언을 녹음해서 시간 날 때마다, 운전할 때마다 듣는다. 사실 상당히 웃기다. 하지만 반복해서 아무 생각 없이

들다 보면 어느새 내 무의식에 희망이라는 작은 단어가 싹을 피우는 것을 알게 된다. 그것은 긍정 에너지의 씨앗이다. 작은 눈덩이는 커다란 눈덩이가 되는 것처럼 그 또한 같다. 일단 내 안의 좋은 에너지의 씨앗을 피우기만 하면 된다. 자기 세뇌처럼 내가 원하는 것에 집중해 질문을 던져야 한다. 내가 아닌 외부가 답을 찾게 해야 한다.

나는 이것을 통해 내 주변을 많이 바꿨고, 지금도 바꾸고 있다. 더 이상 내 감정을 해치는 사람도 없고 나를 둘러싼 환경은 좋게 흘러간다. 어릴 때 힘들었던 대인 관계는 더 이상 어렵지 않았다. 나는 34살에 첫 직장을 얻었지만 내 또래보다 상당히 많은 월급을 받으며 일하고 있다. 또한 내 주변에는 내 꿈을 무시하지 않고 응원해주는 사람들뿐이다. 예전에는 결코 상상할 수 없었던 일이었다. 나는 항상 인간관계가 어렵고, 많은 월급을 받으며 일을 할 것이라 생각하지 못했다. 내 주변인들이 항상 나를 지지하고 응원해준다는 것은 무엇보다도 행복감과 안정감을 느끼게 해주었다. 모두 확언 덕분이다.

우리가 알고 있는 많은 사람들은 자신을 일으키는 자신만의 확언을 하며 걸어나갔다. 의식적으로든 무의식적으로든 모두 확언을 했다. 〈한국책쓰기1인창업코칭협회〉(이하 〈한책협〉)의 김태광 대표는 어려웠던 시절 자신을 비웃는 지인들을 향해 속으로 강한 다짐을 했다. '두고 봐라. 난 반드시 너희는 상상할 수 없을 정도로 성공할 거다.' 그리고 그는 40대 중

　　　　　기적을 현실로 만드는 생각의 힘

반에 100억대의 부자가 되었다. 아마도 그의 깊은 내면에 성공의 씨앗을 심었기 때문이리라.

확언은 나를 일으키는 동력이 된다. 내가 힘들 때 지탱해주는 버팀목이다. 나는 지금도 심리적, 외부적 어려움에 닥쳤을 때 확언을 녹음해 듣는다. 그리고 주문을 외듯이 중얼거린다. 그러다 보면 불안감도 해소가 되고 어느새 그 문제는 사라진 것을 알게 된다.

● **기적을 일으키는 한마디**

"왜 나는 하는 일마다 잘될까?"

"나는 하는 일마다 잘된다." 이렇게 선언하면 내 무의식은 바로 저항을 합니다. "어떤 게 잘되는데?" 정확하게 대답할 수 있다면 다행이지만 대부분이 하는 일마다 그렇지는 않을 것입니다. 질문으로 확언을 하면 내 마음은 "어? 그러게?" 이러면서 이유를 탐색합니다. 일종의 "답은 정해져 있으니 너는 대답해!"입니다. 답을 구할 필요가 없습니다. 이유를 묻지도 따지지도 않습니다. 그냥 나는 내가 원하는 바에 대해 질문을 하면 됩니다. 얼마나 편해요!

6
내 꿈과
잠재의식대로 된다

창조하는 일에는 신성한 긍정이 필요하다.
– 프리드리히 니체(독일의 시인이자 철학자)

나를 바꾸는 창조의 씨앗을 심어라

나를 바꾸고 내 주변을 바꾸기 위한 창조를 위해서는 잠재의식을 바꾸는 것이 매우 중요하다. 나의 모난 성격과 감당 안 되는 감정, 힘든 대인관계로 인하여 나는 항상 힘들었다. 이러한 감정들은 나를 주체할 수 없는 쇼핑 중독자로 만들었다. 이로 인하여 나는 더 힘든 시간을 겪었다. 나는 항상 나의 힘든 상황을 다른 것으로 해소하고자 했다. 그러나 그것은 더 나를 힘들게 했다.

나는 항상 나를 바꾸려고 노력했고 그 성과도 있었다. 나는 내 안에 부정적인 것을 차단하려 했다. 그리고 그 위에 긍정을 올리려 했다. 그러면서 나는 여러 책들을 접하고 스스로 적용하면서 인생을 멋지게 창조하는 법에 대해 고민했다.

어느 날 문득 생각이 떠올랐다. '씨앗을 뿌리고 영양과 햇빛을 주면 식물이 저절로 자라듯, 내 안에 좋은 씨앗을 심으면 그것은 저절로 자라 나를 이롭게 하지 않을까?' 나는 내 안에 창조의 씨앗을 뿌렸다. 매일 확언을 하고, 명상을 하며, 관련 책을 읽으며 더 좋은 방법에 대해 고민을 했다. 관련 커뮤니티의 사람들과 대화를 나누면서 나의 마음가짐을 정돈했다. 그 과정에서 끊임없는 부정적인 생각과 감정이 치솟았고, 나는 그것들을 계속해서 정화와 교정을 해나갔다. 쉽지는 않았다. 나라는 사람은 심지가 약하고 귀가 얇은 사람이다. 그렇기에 이런 행동을 하는데 드림 킬러들은 끊임없이 공격했고, 가끔은 그 말에 휘둘리기까지 했다. 그럼에도 나는 끊임없이 시도를 했고, 어느 순간 나에게 변화가 일어났음을 깨달았다.

언젠가부터 나는 내가 원하는 것을 대부분 가질 수 있게 되었고, 인간관계에 있어서도 큰 개선이 있었다. 물론 아직도 집착을 가진 부분은 천천히 바꾸어야 할 것이지만, 계속해서 안 좋은 결과와 실패만을 겪었던 나에게 이것은 상당한 변화였다. 내가 처음 마음 공부를 시작했을 때는 즉각적인 결과를 기대했기에 이루어진 것이 없었지만, 이제는 어느 정도 시간차가 있다는 것을 인정하기 시작했다. 그리고 그 시간차는 나에게 선물이 되었다. 성격이 급한 내가 기다림의 여유를 가지게 된 것이다.

나는 내 안에 긍정과 창조의 씨앗이 커지기를 그냥 기다리지 않았다. 정말 여린 씨앗을 돌보듯 매일 세심하게 그것을 지켜보았고 돌보았다. 창조의 씨앗은 내가 바라는 것이다. 이것을 현실에 구현하고자 하는 것이 기도다. 기도를 종교인들이 하는 고루한 것으로 생각해서는 안 된다. 이 것은 내가 원하는 것을 이루기 위한 창조의 구애다. 나는 원하는 것들을 이루기 위해 정말 그것들을 마음속으로 사랑했다. 집착하는 왜곡된 애정이 아닌, 순수한 즐거운 사랑을 했다. 그러면 그것은 반드시 이루어졌다. 내가 편입 공부를 할 때였다. 나는 그냥저냥 대충 쉽게 일하고 돈을 벌지만 멋진 직업을 가지고 싶었다. 그러나 그것을 구하고자 할 때 기도를 하고 썼는데 명확하게 기술하지를 않았다. 그냥 바쁘게 일하지만 남들이 보기에 멋진 전문성이 있는 일을 하는 것을 그렸다. 그리고 결국 나는 간호사가 되어 산모들을 돌보게 되었다. 어쩐지 내가 상상한 이미지와는 달랐지만 광범위하게 보면 이것은 정말 내가 생각했던 것에 적합했다. 나는 바쁘지만 남들이 보기에 꽤 괜찮은 전문성 있는 일을 하게 되었으니까 말이다.

내가 나의 잠재의식, 그러니까 무의식 속에 창조의 씨앗을 심었기 때문이다. 조셉 머피 박사는 잠재의식을 자신의 저서 『잠재의식의 힘』에서 이렇게 말했다.

기적을 현실로 만드는 생각의 힘

"당신의 잠재의식은 위대한 암실로 자신의 외부적 삶이 여기에서 현상되는 은밀한 장소입니다."

내가 씨앗으로 표현한 것도 이와 같다. 씨앗은 어두운 땅에서 뿌리로 시작하여 줄기, 그리고 외부로 작은 싹으로 나타난다. 여기서 머피 박사의 암실은 내 창조의 씨앗이 심어져 있는 어두운 땅이라 생각하면 된다. 이곳에서 씨앗이 태동하여 외부로 씨앗의 에너지 나타나게 되는 것이다. 씨앗이 아무리 튼튼하게 태동하려 해도 씨앗이 있는 땅이 부실하면 이는 바르게 자라지 못한다. 토대부터 긍정으로 무장하고, 강하게 원하는 씨앗을 심고 매일같이 관심을 기울여야 내가 원하는 삶으로 나타난다.

우리의 무의식은 다채로운 풍요가 있는 보물창고와 같다. 그러나 이것을 텅텅 비고 다 무너져가는 창고로 만들 수도 있다. 보물창고로 만들 수만 있다면 내가 원하는 것은 언제든지 꺼내 쓸 수 있게 된다. 이것은 모두가 바라는 상황일 것이다.

창조가 자라는 토대를 바꿔야 한다

내가 마음 공부를 시작 전에는 나의 심리적 창고는 비어 있고, 처참하게 무너져 있는 창고와 같았다. 메마르고 갈라진 대지와 같았다. 항상 부정적이고 안 좋은 말만 했었다. 그러나 내 삶을 바꾸기로 결정하면서 나는 내 무의식의 상황을 알았다. 나는 이것을 풍요로운 보물창고로, 풍족한 대지로 만들기로 했다. 나는 바뀌고 싶었다. 나의 상황조차 파악을 하지 못한 채 요구를 하면 그것은 당연히 이루어지지 않는다. 농부가 씨를 뿌리기 전에는 항상 논밭의 상황을 체크하고 그에 맞는 처방을 하여 씨를 뿌리게 된다. 내 무의식 또한 그리 해야 한다. 그러면 내 무의식을 어떻게 알아채야 할까? 그 비밀은 감정에 있었다. 나는 항상 감정이 부정적이었다. 불안하고, 초조하고, 답답하고, 짜증나고, 화가 나며 신경질적이었다. 이런 무의식은 외부로 드러나게 되고 외부의 사람들 또한 내 무의식의 부재를 알아차리게 된다. 그리고 나를 업신여기게 된다. 나 또한 내 마음이 빈곤했기에 스스로를 사랑할 수가 없었다. 내가 하는 자기 사랑은 기만이었다. 당연히 이것은 또 부정적인 감정으로 돌아가게 되면서 상황은 안 좋아지고 무시 받으며 끝없이 꼬리를 물게 된다. 바깥의 상황을 바꾸고 싶으면 내면을 직시하고 원하는 것에 집중하고 믿어야 한다. 그래야 내가 던져놓은 창조의 씨앗이 자라게 된다.

개그맨이자 스타 MC인 유재석은 개그맨 초반 시절 무대공포증과 자신감이 없어 몇 번이나 실패의 고배를 맛봤다. 그는 항상 미래에 대한 불안을 가졌지만, 자신의 마음속에 작은 성공 씨앗을 심은 이후로 지금과 같은 거인이 되었다. 항상 자신의 마음을 들여다보고 자신이 가고자 하는 길에 확신과 믿음을 가졌다. 자신은 항상 '행복하다.', '감사하다.'를 새겼다. 그것에 대한 것은 유재석과 이적이 부른 노래 〈말하는 대로〉에 잘 나와 있다. 그래서 그는 항상 행복과 감사를 입에 달고 다니며 주변에도 행

기적을 현실로 만드는 생각의 힘

복의 씨앗을 뿌린다.

내가 항상 긍정과 행복을 가득 품은 창조의 씨앗을 가슴 깊이 가지고 있다면 그것은 바람을 타고 씨가 퍼지듯이 긍정적 에너지 이동이 이루어 진다. 내 주변 사람들도 선한 변화를 이루게 되는 것이다. 물론 강한 드림 킬러들은 어떤 말을 해도 먹히지 않는다. 이들은 본인 스스로가 바뀌어야 하는 필요성을 가져야 한다. 내가 긍정과 희망으로 무장한 뒤, 내 주변 사람들 또한 어느새 부정적인 말을 하지 않게 되었다. 사회, 사람에 대한 욕도 많이 줄었다. 그들 또한 영향을 받고 마인드가 바뀌기 시작한 것이다. 그러다 보니 내 주변에는 드림 킬러가 없다.

만약 내가 계속해서 부정적인 생각을 가지고 살았다면, 내 부정의 씨앗은 계속 자라 나를 부정적으로 이끌었을 것이다. 창조의 씨앗은 자동항법 장치와 같다. 설정을 어디로 하냐에 따라 운전하는 자동항법장치처럼, 씨앗의 방향을 어디로 설정하느냐에 따라 떡잎이 달라진다.

현재의 현실이 답답하다면 나를 이루는 근간 토대부터 바꾸어야 한다. 그리고 그 안에 내가 원하는 에너지를 가득 품은 창조의 씨앗을 심어야 한다. 세상에서 가장 소중한 식물을 키우듯이 창조의 나무를 키워야 한다. 내가 원하는 에너지를 가득 품었기 때문에 이 씨앗은 내가 원하는 대로 커간다. 무의식은 지속적인 훈련, 확언으로 다져진다. 그러므로 지금 당장 꾸준하게 창조의 씨앗을 심고 돌보라!

"나는 풍요를 받을 자격이 있습니다."

샤넬 매장 앞에 서성인 적이 있으세요? 전 있습니다. 이렇게 망설이는 행위는 내가 그것을 받을 만한 마땅한 자격이 없다고 온몸으로 말하는 것과 같습니다. 머리로 아니라고 하면 뭐해요, 내 몸이, 내 무의식이 이미 자격이 없다고 말하는데요. 자신감을 가지세요. 온몸으로, 모든 말로, 모든 생각으로 내가 마땅히 그것을 가질 자격이 있다고 선언하세요!

7
종이 위에 쓰면
이루어진다

인간만이 생각을 물리적 실체로 전환하는 능력을 가지고 있으며,
인간만이 꿈을 꾸고 그 꿈을 실현할 수 있다.
– 나폴레온 힐(미국의 성공철학자)

쓰기의 힘은 대단하다!

궁정일기, 감사일기, 미래일기를 아는가? 일기(日記)의 정의는 '날마다 그날그날 겪은 일이나 생각, 느낌 따위를 겪는 개인의 기록'을 일컫는다. 마찬가지로 긍정적인 내용을 적는 긍정일기, 감사를 찾아 적는 감사일기, 미래의 일을 설정하여 적는 미래일기는 모두 쓰기다. 왜 우리는 이런 일기를 쓰는 것일까? 쓰는 행위는 강력한 힘을 가진다. 여기에 읽는다면 금상첨화다. 우리는 생각도 매우 중요하게 작용하지만 이 생각을 육체적 행위를 통해 다시 반복하면 쐐기를 박는 효과를 가지게 된다.

인간은 6가지 감각을 가지고 있는데 시각, 청각, 후각, 미각, 촉각, 육감이다. 일기는 이 중에서 시각, 촉각을 자극시킨다. 읽는 것을 함께 한다면

청각도 추가가 된다. 강력하게 염원한다면 육감이 들어간다. 더욱 강하게 들어가면 6가지 감각을 모두 느끼는 사람도 있다. 쓰는 행위 하나가 이렇게 큰 파장을 가지게 되는 것이다. 이것을 반복하다 보면 자기 암시가 이루어진다. 성공하는 사람은 사는 대로 생각하는 것이 아닌, 생각하는 대로 산다. 그리고 대부분 감사에 대한 일기를 쓴다. 버킷리스트도 이와 같다. 일기의 형식이 아닐 뿐이지, 이것 또한 쓰는 것이다.

나는 감사일기를 쓰는데 꽤 효과를 봤다. 감사일기를 쓰면서 내가 오늘 하루 어떤 감사할 일이 있는가를 되짚어 보기도 했다. 그리고 감사에 대해 쓰니 상당히 감사에 집중을 하게 되었다. 쓰기의 효과는 여기서 나타나는 것이다. 정말 사소한 것마저 감사하는 마음을 가지게 되었다. 에너지는 같은 것들을 끌어당기는데 내가 감사에 집중하자 나 또한 감사할 일을 계속해서 받았다.

한 남자가 경제적 빈곤함을 해결하려 소설을 썼다. 거대한 배가 처녀항해를 시작했다. 그 배의 이름은 타이탄이다. 세상에서 가장 큰 배로 묘사되었고 절대 빠지지 않는다고 설명했다. 그러나 그 배는 추운 봄날 빙산에 부딪쳐 가라앉았다. 그 소설은 무상함에 대한 것이다. 이 소설은 14년 뒤 현실에 나타났는데, 바로 타이타닉호 이야기다. 소설의 이야기는 타이타닉호의 침몰과 너무 흡사하게 진행되었다. 간혹 소설들은 현실에 비슷하게 나타나는 경우가 많다. 무언가를 생각하며 쓰는 것에는 강렬한 열망

기적을 현실로 만드는 생각의 힘

이 담겨 있다. 소망은 항상 강한 염원에서 나타난다. 모든 소설이 그런 것은 아니겠지만 인간의 상상력이 생생하게 숨 쉬는 것은 소설이다.

옛날 컴퓨터가 없던 시절 나는 TV를 즐겨보지 않아서 항상 책을 끼고 살았다. 다독을 하는 아버지의 영향을 받아서다. 책을 읽어서였을까. 나는 글을 쓰는 것에 대한 욕망이 가득했다. 나는 책을 내는 작가가 되고 싶었다. 그래서 옛날 초등학교 때 쓴 일기를 찾아보면 작가가 되고 싶다고 쓰여 있었다. 소설가가 매우 되고 싶기도 했고, 내 책장 한편, 또는 노트북 한 쪽에는 소설 습작과 설정집이 수두룩하다. 지금 이 책을 쓰면서 옛날 글들을 찬찬히 살펴보는데 그 중에는 이루어진 것도 꽤 있었다.

내가 편입을 공부할 때 나는 항상 어떤 모습의 내가 될지를 상상했고 그것을 글로 썼다. 그런데 내가 여기서 실수한 것은 자세하게 묘사하지 않았다는 것이다. 그래서 난 출산률이 높은 산부인과의 간호사가 되었고 바쁘게 일하고 있다. 그저 이런 이미지였으면 좋겠다며 멋진 전문 직업군, 바쁘게 일하는 것을 막연하게 생각하며 적었다. 사실 왜 적었는지는 모르겠다. 나는 이루고 싶은 것을 목록을 쭉 적는 습관이 있었다. 그중에서는 이룬 것도 있고 이루지 못한 것도 있었다. 그러나 단언컨대 나는 해낸 것이 더 많았다. 나는 이 글을 쓰고 있었고, 작가를 눈앞에 두고 있다. 또한 간호사가 된 것도 그렇다. 인간관계도 좋아졌다. 싫은 사람과 결별도 했다. 그리고 멋진 사랑도 해보았다. 아마 내가 계속해서 쓴다면 더 이룰 것이 많아진다고 확신할 수 있다.

각본가의 마음으로 새 인생을 써라

이 세상은 거대한 연극무대와 같다. 쓴다는 것은 내가 각본가가 되어 시나리오를 쓰는 것과 같다. 현실의 나는 배우다. 그리고 머릿속에 있는 이미지는 연출가이며, 나의 강력한 의지는 감독과 같다. 이 네 박자가 잘 맞아 떨어지면 내가 원하는 삶을 살게 되는 것이다.

유명 미식축구 코치 루 홀츠는 실직 상태에서 107가지의 목표를 기록했다. 그는 절박했고, 자신이 할 수 있는 가장 쉬운 일이 강력한 마음으로 쓰는 것이라 생각했다. 그는 가족과 직업, 취미에 대한 것을 기록했다. 다른 사람들이 본다면 전혀 불가능하고 비웃을만한 내용이었으나 그는 개의치 않고 적었고 결국 해냈다.

버킷리스트를 적을 때도 불가능해 보인다고 안 쓰면 그 순간 그것은 결코 이룰 수 없는 것이 된다. 이미 내 마음속에는 이룰 수 없는 것이라고 단정을 짓기 때문이다. 반대로 망상처럼 느껴져서 적고 그것에 사랑의 감정을 느끼고 즐긴다면 내 마음에는 좋은 감정이 남는다. 이것은 내가 원하는 것을 가지는 데 강한 동력원이 된다. 또 글에 내 의지를 담음으로써 에너지 파장을 전달해 비슷한 것을 데려오게 만든다. 글을 쓸 때 우리는 당위성을 생각하게 되는데 보고서가 아닌 이상 당위성 따위는 버려야 한다. 각본가가 원하는 시나리오를 쓰는 데 이유가 뭐가 필요하단 말인가? 원래 당위성, 개연성 따위는 없는 것이다.

쓰면 이루어진다는 것을 나는 확신할 수 있다. 이것은 인간이 할 수 있는 가장 강력한 행위이며 우리의 생각을 전달하는 효과적인 방법이다. 심지어 이것은 언제든지 필요할 때 눈으로 볼 수 있기 때문에 지속적인 피드백을 받을 수 있다.

내 핸드폰에는 버킷리스트와 내가 해야 할 목록, 그리고 내 꿈의 시나리오에 대해 적힌 비밀폴더가 있다. 내 의지가 약해지려고 할 때마다 다시 상기해서 읽고, 또 이루고 싶고 가지고 싶은 것이 있으면 추가해서 적었다. 체크박스도 있기 때문에 이룬 목록도 알 수 있다. 잃어버릴 것을 걱정하지 않고 클라우드에 저장도 했다. 이것은 나의 동반자나 마찬가지다.

쓰는 것을 두려워해서는 안 된다. 나는 악필이라 글씨 쓰는 것을 매우 싫어한다. 그래서 디지털기기를 이용한다. 핸드폰과 컴퓨터의 타자는 빠르니까. 현대기기에 글자를 쓴다고 안 이루어지는 것이 아니다. 다시 언급하지만 쓰는 것은 나의 6가지 감각을 자극시켜 나에게 끊임없는 피드백을 주는 행위다. 내 무의식을 계속 자극해서 자기 암시를 시키는 것이다. 이것은 자극제이며 에너지를 보내는 신호다!

내 지인들도 쓰는 것으로 나눌 수 있다. 기록하는 사람과 기록하지 않는 사람. 기록하는 친구는 무엇이든 쓰는 걸 좋아한다. 당연히 기록하지 않는 지인은 결코 아무 것도 쓰지 않는다. 카드 사인 하는 것을 제외하고 말이다. 하지만 그들은 쓰는 것 하나로 인생의 계층이 나뉘었다. 쓰는 지인들은 승승장구하고 있다. 현재 보이는 성공이 아니더라도 내 눈에는 그들의 성공 씨앗이 보였다. 이미 마인드가 다르니까! 그러나 쓰지 않는 친구들은 카톡과 같은 채팅과 사인 말고는 쓰는 행위 자체를 거부한다. 그들은 자신의 강력한 무기를 사용하지 않는 것과 같다. 우리는 시시덕거리는 것이 아닌 문명의 이기를 이용하여 원하는 것을 가져야 한다. 이것은 귀찮은 행위가 아니다. 나를 위한 것이다.

더 이상 쓰는 것을 두려워하지 말자. 내 생각도, 그 무엇도 좋다. 일단 쓰라! 그래서 내 감각을 자극시켜야 한다. 그러다 보면 원하는 것도 구체적으로 그릴 수 있고, 어느새 내 곁에 와 있음을 깨달을 것이다.

● 기적을 일으키는 한마디 ─────────────

"나에게 필요한 모든 것이 공급됩니다."

저는 요즘 필요한 것의 반 이상은 저절로 얻습니다. 저에게 있어 확언은 친구와 같습니다. 그래서 내가 필요한 것이 생길 때마다 확언을 하고 그것을 사용한 것을 강하게 상상합니다. 그러다 보면 며칠 뒤에 안겨집니다. 우주로부터 필요한 모든 것을 공급해주는 택배를 받는 상상을 해보세요. 택배를 받는 즐거움을 당연하게 즐기세요.

기적을 현실로 만드는 생각의 힘

"자신의 생각을 바꾸고 성공하다"
– 콘래드 힐튼

힐튼 호텔을 세운 호텔 왕이라 불린 사람이 있습니다. 그는 바로 콘래드 힐튼입니다. 콘래드 힐튼은 공황기에 망한 집안에서 힘겹게 자랐습니다. 그는 여러 일을 하다가, 어느 순간부터 자신의 마인드를 바꾸었습니다. 그리고 성공에 대한 욕구를 강하게 가지며 유인력의 법칙을 적용하기 시작했습니다. 그는 자신이 호텔 왕이 되는 것을 강하게 상상했죠. 온몸의 기력이 빠져나가 진이 빠질 정도로 말입니다. 마치 그것은 꿈을 향해 100m 달리기를 전력질주를 한 것 같다고 할 수 있습니다. 그리고 힐튼은 20년도 되지 않아 미국에서 가장 큰 호텔을 가지게 되었습니다.

힐튼은 이렇게 말했습니다.

"나랑 비슷한 벨 보이도, 나보다 더 나은 사람도 많았다. 그러나 그들과 달리 나는 성공했다. 그 이유는 나는 생생하게 상상했기 때문이다."

그리고 힐튼은 생각을 전환시켰습니다. 그는 고향에서 취직을 위해 경비원 자리를 알아봤지만 글을 몰라 취직을 거부당했습니다. 그는 그 경험을 결코 나쁘게 생각하지 않았죠.

호텔 건설 현장에 방문했을 때, 사람들은 콘래드 힐튼에게 성공 비결을 물었습니다.

"힐튼 씨, 당신은 어떻게 성공했습니까?"

그러자 그는 옆의 쇠막대 하나를 집고 이렇게 말했죠.

"이 쇠막대기 값은 5달러 정도 할 겁니다. 그러나 이 쇠막대기를 불에 달군 다음 망치로 두드려 말발굽을 만들면 10달러 정도를 벌 수 있습니다. 좀 더 섬세하게 가공해 정교한 바늘을 만든다면 3000달러쯤 벌 수 있겠습니다. 하지만 스위스 명품 시계에 들어갈 밸런스 스프링을 만들면 200만 달러 이상을 벌 수 있지요. 제가 고향에서 취직하기 위해 처음 찾아간 곳은 건물 경비원 자리였습니다. 하지만 글을 모른다는 이유로 퇴짜를 맞았습니다. 제가 그때 글을 알았다면 저는 아직도 경비원으로 일하고 있겠지요. 주어진 환경은 성공을 가져다주지 못합니다. 오직 행동만이 성공을 가져다줄 뿐입니다."

기적을 현실로 만드는 생각의 힘

무일푼인 사람이 생생한 상상으로 거대 호텔의 주인이 된다고 한다면 대부분은 그 꿈을 지지하기보다는 비웃을 것입니다. 하지만 그것을 이미 이룬 것처럼 생생하게 한다면 영감은 그에 도달할 수 있도록 안내합니다. 바로 영감이 이끄는 삶을 살게 되는 것입니다. 콘래드 힐튼은 바로 이런 삶을 살았습니다. 남의 시선에 아랑곳하지 않고, 자신의 신념을 강하게 믿었습니다. 그리고 생생하게 상상한 것을 자신의 삶에 적용시켰습니다.

이처럼 자신의 꿈에 도달하기 위해서는 콘래드 힐튼처럼 자신을 믿고 꿈을 정확하게 바라봐야 합니다. 또 자신의 안 좋은 경험을 다르게 전환시키는 생각의 유연성이 필요합니다. 나쁜 기억에만 매달리면 사람은 과거만을 바라보고 미래를 향해 전진할 수 없습니다. 그러면 자신이 얽매인 과거에 머무른 사람이 되는 거죠. 발전은 없습니다. 그러나 그 안 좋은 기억을 전환시켜 발전의 토대로 삼는다면 미래를 향해 갈 수 있는 발판으로 작용합니다.

자신의 주어진 현실에 좌절하지 마세요. 누구에게나 좌절의 순간은 있습니다. 그러나 거기에 자신의 생각을 묶지 마세요. 오직 미래만을 바라보며 이 순간을 어떻게 활용할까 떠올려 보세요. 그러면 내 꿈은 성큼 다가와 앞에 있을 것입니다.

기적을 현실로 만드는 생각의 힘

POWER OF THINKING

3장

세상을
창조하는
의식의 변화

1
문제는
진짜 문제가 아니다

여러분이 보다 보람찬 인생을 사려면 생각하는 방식을 바꿔야 합니다.

– 오프라 윈프리(미국의 방송인)

남들이 뭐라든 신경쓰지 마

"뭐가 문제죠?"

한 여인이 자신의 어려움에 대해 이야기했다. 그리고 이렇게 반문했다.

그녀는 1950년대 미국 남부에서 흑인에 사생아로 태어났다. 친척에게 성적 학대를 받았다. 14살에 출산, 그리고 2주 후 아이의 사망을 겪었다. 비만이라고 비난 받았다. 너무 힘든 삶에 마약을 하고 자살을 생각했다. 그러나 지금 그 여인은 미국의 최고 갑부에 속하며, 2018년 타임지가 선정한 가장 영향력 있는 100인에 당당하게 들어갔다. 바로 '오프라 윈프리'다.

현대 사회를 살며 오프라 윈프리를 모르는 사람이 있을까? 어떤 매체를 통해서든 한 번쯤 이름을 들었을 것이다. 그녀는 자신이 처했던 어려움에 대해 대체 뭐가 문제냐며 반문했다. 그리고 이렇게 말했다.

"세상 모든 일은 여러분이 무엇을 생각하느냐에 따라 일어납니다."

당연히 나 또한 오프라 윈프리를 알고 있다. 보면서 나는 비웃었다. 앞서 이야기했다시피 나는 상당히 비관적이고 냉소적인 사람이었다. '저기는 미국이니까 가능하지, 미국에서 동양인이었어 봐, 되었겠어?' 이런 식의 생각을 했다. 사실 내가 저 상황에 이르렀다면 내 비관적 사고로는 오프라가 거쳤던 방송국 아나운서는커녕 학교도 제대로 못 갔을 것이다. 다른 사람이 신경 쓰였기에, 어려운 상황에 처하고 내 일에 대해 폭로 당했을 때 참을 수 없었을 것이다. 그러나 그녀는 당당했다. 이것이 중요하다. 당당함. 자신에게 당당하고 자신이 나아갈 길에 대해서 당당했던 것이다. 분명히 그녀는 어려운 상황에 처했다. 그러나 그녀는 그것을 문제라 생각하지 않았다. 나였다면 굉장한 문제라고 생각했을 것이다.

생각의 전환이라는 것은 이렇게 중요하다. 사람은 생각에 좌우되는 동물이다. 자신이 어떤 생각을 머리에 담고 있냐에 따라서 그 사람은 전진할 수도, 머무를 수도, 후퇴할 수도 있다. 행동은 내 생각을 외부로 표현하는 방법이다. 오프라의 성공 요인은 여러 행운이 맞아 떨어졌을 수도

기적을 현실로 만드는 생각의 힘

있다. 그러나 그녀의 긍정적인 생각, 자신의 삶을 바꾸겠다는 의지가 없었으면 결코 가능하지 않았을 것이다.

오프라가 태어난 시대는 흑인이 차별받고, 심지어 여자라면 더 차별받는 시기였다. 사람은 차별을 받으면 그것에 익숙해진다. 차별의 익숙함에 대한 것은 '스탠포드 감옥 실험'이 그 좋은 예이다. '감옥과 같은 억압된 환경 속에서 사람들의 행동은 어떻게 변하는가?' 이것이 그 주제다. 실제 감옥과 같은 환경에서 실험을 진행하였다. 그리고 어떤 의도도 없이 무작위로 간수와 죄수 그룹으로 분류하였다. 물론 복장도 완벽하게 다르게 했다. 피실험자에게 무작위로 분류한 것임을 인지도 시켰다. 그리고 5일간 두 분류에 대한 엄청난 변화가 일어났다. 두 그룹은 자신의 역할에 충실했는데 그 과정에서 간수 그룹은 폭력성을, 죄수 그룹은 수동성을 가지고 불합리함에도 그것을 당연하게 받아들였다. 두 그룹 모두 원할 경우 언제든지 실험을 그만둘 수 있음에도 말이다. 자신이 만들어 놓은 유리천장을 극복하지 못하는 것이다.

당연하다고 생각하는 것을 부순다는 것은 정말 대단한 것이다. 자신이 문제라고 생각하는 그 모든 관념을 바꿔야 하는 것이다. 우리는 습관조차 바꾸기가 쉽지 않다. 그러니 그 습관을 만드는 내재된 관념을 바꾸기는 더욱 어렵다. 오프라는 종종 '유인력의 법칙'을 이용하여 자신의 인생을 바꾸었다고 이야기한다. 그녀가 이야기하는 유인력의 법칙이란 무엇일까? 그녀는 어려움이 있을 때 항상 이야기했다.

"뭐가 문제죠?"

맞다! 문제를 문제로 인식하지 않은 것이다. 이것은 매우 중요한 것이다. 대부분의 사람들은 이렇게 말한다. 현실을 외면하라는 소리가 아니다. 문제를 문제로 인식한다는 것은 그 문제에 집중한다는 말이다. 문제에 집중한다는 말은 부정적인 생각에 집중한다는 것과 일맥상통한다. 오프라는 부정적인 생각에 집중하는 것을 원천 차단했던 것이다. 그리고 자신이 원하는 것에 집중했다. 그녀는 성공을 원했다. 자신의 인생에 집중했다. 그것이 그녀가 성공한 이유다!

그리고 자신이 원하는 성공을 위해 성공과 관련된 도서를 읽었다. 이것 또한 중요하다. 사람의 의식은 끊임없이 변화한다. 그리고 상황에 맞춰서 변화된다. 내 상황이 어려우면 의식 또한 부정적인 방향으로 흐른다. 반대의 경우도 마찬가지다. 원하는 성공학 도서를 읽으면 의식이 그쪽으로 변화가 된다. 자신이 원하는 것에 주파수를 맞추게 되는 것이다. 그리고 보다 더 원하는 방향으로 집중할 수 있게 된다.

그리고 그녀는 자신을 험담하는 사람을 멀리했다. 사람들은 대부분 남의 평가에 민감하게 반응한다. 사회적 동물이니까 당연하다. 그러나 비판은 수용하되 비난은 걸러야 한다. 비판도 적당히 들어야 한다. 진심으로 걱정해주는 비판이라 할지라도 자신의 꿈을 밟는 비판은 곧 비난이다. 내 꿈을 갉아먹는 사람, 그들을 '드림 킬러'라고 한다. 드림 킬러는 대부분 모

기적을 현실로 만드는 생각의 힘

든 것을 부정적으로 바라본다. 긍정적인 에너지보다 부정적인 에너지는 더 빠르게 번지게 된다. 내가 좋은 방향으로 향해 가다가 그들의 말에 너무 귀를 기울이다 보면 부정에 물들게 된다. 그러면 다시 나의 삶은 부정으로 유턴하게 되어버린다. 나 자신을 부정하게 되어버리기 때문이다. 드림 킬러들은 하이에나와 같다. 조금만 방심하면 어느새 다가와 물어뜯을 준비를 하기 때문이다. 거기에 흔들리면 무너지게 된다. 오프라는 그것을 결코 좌시하지 않았다. 드림 킬러와의 관계를 단호하게 차단했다. 그리고 자신의 꿈을 지지해주고 응원해주는 사람과만 걸음을 나란히 했다.

유리천장을 깨부숴라!

나는 상당히 민감한 사람이다. 그러나 주변에 대해 너무 민감하게 받아들이면 결국은 그 환경이 나를 잡아먹게 된다. 외부의 문제든, 다른 이들의 평판이든 말이다. 나는 내 주변을 살짝 무시하기 시작했다. 상당히 민감한 사람이었기에 명상과 상담을 병행했다. 결국은 내 외부의 문제를 살짝 다른 시선으로 바라보았다. 또 다른 사람의 평판에 대해서 내가 정도를 지켰지만 험담을 듣는 것에 대해서는 뻔뻔하게 대처했다. 그래서 나를 잡아먹게 되는 커다란 유리벽에 금을 낼 수 있었다. 그리고 내가 원하는 것에 집중을 하게 되었다.

어느 정도 긍정적으로 변화하는 나를 보고 상담을 가장한 드림 킬러들의 공격이 시작되었다. 나는 여느 때와 같이 그들의 응석을 받아주었지만, 나도 다시 가라앉는 것을 느꼈다. 그리고 그 순간 깨달았다. '이것이 드림 킬러들의 공격이구나!' 그것을 알자마자 나는 외면했다. 내가 아무리 응원을 북돋고 좋은 말을 해주어도 소용없었다. 드림 킬러는 마치 물귀신처럼 나를 깊은 우울의 늪으로 끌고 들어가는 데 집착했다. 그리고 내가 바라는 염원들을 걱정을 가장한 업신여김으로 공격했다.

이것을 알아야 한다. 대부분 드림 킬러들은 결코 나쁜 말로 상대를 공격하지 않는다. 걱정해주는 척, 고민 상담을 부탁하는 척해서 상대방을 끌어내리려고 한다. 그렇기에 보통은 여기에 말려들어 다시 부정의 늪에 빠져들게 된다. 그리고 끊임없이 자신을 부정하게 된다. 자신도 모르게 긍정과의 소통을 가시철조망을 둘러 부정하게 된다. 그리고 본인의 한계를 스스로 만드는 유리천장을 단단하게 쌓기 시작한다. 이렇게 만들어진 벽은 점점 더 좁아져 나를 구속하게 된다.

대부분의 성공한 사람들은 드림 킬러의 공격을 재빨리 알아차린다. 그래서 자신을 둘러싼 유리벽을 끊임없이 쳐서 그것을 부수어버린다. 어떠한 환경에 처한 사람이든 유리천장이 없을 수는 없다. 그것이 부유한 사람이든 가난한 사람이든, 어떠한 인종을 가지든, 무슨 성별을 가지든!

당신을 압박하는 유리벽은 어떤 것인가? 무시하라! 그리고 원하는 것에만 집중을 해라. 당신이 원하는 것에만 집중을 하더라도 시간은 아깝게 흐른다. 결단코 부정적이고 쓸데없는 유리천장에 집착하지 말라!

기적을 현실로 만드는 생각의 힘

"나는 내 인생이
즐거움과 기쁨으로 가득하다고 믿는다."

삶을 우울하게 살고 싶어 하는 사람은 아무도 없습니다. 중2병을 겪는 사람들도 즐거움과 기쁨을 추구하죠. 삶은 즐겁고 행복해야 합니다.

"~믿는다."는 확언은 현재형 확언보다 조금 더 수월합니다. "~하다."의 확언은 마음의 저항이 많지만, 믿음 확언은 내면의 저항은 "그래, 믿어라!"라고 합니다. 저항이 현저하게 줄어듭니다.

한번 상상해보세요. 내 삶이 즐겁고 기쁨으로 가득 찬 것을. 상상이 안 됩니까? 내가 보면 웃음이 짓게 되는 뭐라도 보세요. 그게 비전보드입니다. 원하는 것을 가득 붙인 것을 보고 웃음 짓다 보면 내 인생은 어느새 즐거움과 기쁨으로 가득하게 변합니다.

2
꿈을
정확하게 노래하라

꿈을 이뤄내는 사이클이라 그래야 할까요? 약간 근육이랑 똑같아요.
일주일 몸 운동한다고 몸짱이 되지는 않잖아요.
꿈도 똑같은 거죠. 꾸준히 상상하고 그 꿈이 이뤄진 것처럼 그걸 느끼고.
— 도끼(한국의 래퍼)

노래하는 대로 된다

동양에는 '언령(言靈)'이라는 말이 있다. 풀어쓰면 '말이 씨가 된다.'이다. 말에는 혼이 있어 그것에 힘이 실린다.

가수들은 자신이 노래하는 대로 이루어진다는 소리를 들어보았는가? 가수들은 특정 주제로 노래를 반복적으로 하게 된다. 그런데 가수들을 보면 몇 가지 특징이 있다. 즐거움이나 아름다운 사랑의 기쁨을 노래하는 가수가 있다. 그런 노래를 들으면 나도 즐겁다. 가사 자체가 행복하니 얼마나 들뜨겠는가! 그러나 우울하고 실연의 내용을 부르는 가수들도 있다. 그런 노래를 듣다 보면 나도 모르게 우울해진다. 그렇기에 나는 되도록 우울한 노래는 듣지 않으려 한다. 듣는 나도 기분이 가라앉기 때문이다.

기적을 현실로 만드는 생각의 힘

우울한 노래를 부르는 가수를 보면 생각보다 불행한 삶을 사는 경우가 많다. 위에 언급했듯이 말에는 힘이 있기에 작용을 하기 때문이다. 몇몇의 예를 들지 않아도 좋다. TV를 어느 정도 시청한다면 연예인의 기본 사생활 정도는 나오니까 말이다.

미국의 부자 래퍼들을 보면 그들은 대부분 유인력의 법칙을 노래한다. 그리고 그대로 이루어져 어마어마한 부를 축적한 사람이 많다. 대표적으로는 'big sean'과 'diddy'가 있다. 미국에서 흑인이 거대한 부를 축적하는 방법은 농구선수같이 운동선수가 되거나 마약을 거래하거나 래퍼가 되는 것이다. 그들은 노래에 긍정, 그리고 돈을 노래한다. 그것은 그대로 그들의 풍요를 가속화시켰다. 돈을 노래하는 것이 천박하다고? NO! 절대 그렇지 않다. 당신은 돈을 싫어하는가? 나는 돈을 매우 좋아한다. 우리가 현대 사회에서 누리는 모든 것은 돈으로 이루어져 있다. 심지어 사랑조차도! 외국에는 이렇듯 유인력의 법칙으로 기적의 노래를 부르는 사람이 보편화되어 있고, 아무도 그것을 이상하게 노래하지 않는다.

우리나라에서 외국 유명 래퍼같이 돈과 긍정을 노래하는 래퍼가 있다. 도끼(DOK2)다.

"선글라스를 껴도 잘 보이는 내 미래와 내 앞길, 잘 지내냐는 말엔 잘 지낸다는 말 좋은 소리들은 또 좋은 일들만 부르지. 멍청한 놈들은 이런 거 모르지. 그런 게 오로지 내가 돈 얘기만 부르짖는 이유고 내 몸값은 또

오르지. 내 현실에 소름이 돋아."

　도끼 노래의 일부분이다. 이미 자신의 앞길에 대해 확신을 하고 말하는 것이다. 대중들이 부르고, 자신이 부르고 하니 그것은 이미 말에 힘이 되어 현실에 구현이 되는 것이다. 말이라는 것은 정말 우리에게 큰 영향을 미친다. 왜냐하면 말하는 데서 1차적인 힘이 부가되고, 듣는 데서 2차적인 힘이 가해진다. 마지막으로 그 말은 내 잠재의식에 물든다. 이렇게 3가지 작용이 되기 때문에 상당히 중요하다.

　나는 먹는 것을 상당히 좋아하는데, 무언가 먹고 싶을 때는 상상으로 끝나는 것이 아니라 먹고 싶다고 노래를 부른다. 그러다 보면 내 몸은 먹고 싶어서 안달 난 반응을 하며 그 맛을 나도 모르게 떠올린다. 이건 나의 경우일 뿐이라고? 그렇지 않다. 당신은 매우 건강한 상태로 출근을 했다. 그런데 직장 동료가 당신에게 묻는다.

　"어디 아파? 안색이 안 좋은데?"

　물론 당신은 괜찮다고 한다. 건강하니까. 다른 직장 동료, 그리고 상사가 연달아서 또 당신에게 아파보이고 안색이 안 좋다고 이야기한다. 여러 명이 이야기하니 슬슬 무언가 이상한 느낌이 든다. 그래도 아직까지 괜찮

　　　　　　　기적을 현실로 만드는 생각의 힘

다. 그러다가 거래처의 직원에게 안색이 안 좋다, 어디가 안 좋냐는 소리를 듣고 급기야는 지나가던 사람이 당신에게 이렇게 말한다.

"괜찮으세요? 안색이 안 좋은데요?"

당신은 아무래도 몸이 안 좋다고 느낀다. 한 번도 아니고 여러 번이나 안색이 안 좋다고 '듣는다'. 그리고 그것은 당신의 잠재의식 속에 서서히 젖는다. 세뇌가 되기 시작하는 것이다.

반드시 정확히 말해야 한다

나는 큰 부자가 되는 게 목표다. 나는 옛날부터 이렇게 말하는 것이 습관이 되었다.

"돈이 없어서 이것도 못 하고 저것도 못 해."

그러면 다시 이렇게 심상화를 했다.

"부자가 되었으면 좋겠다!"

결과는? 꽝! 왜일까?

나는 이미 부자가 될 수 없는 언어를 지속적으로 말해왔다. 첫 번째는 돈이 없어서 하고 싶은 것을 못한다. 이것은 명확하게 돈이 없다는 것을 주지시켰다. 그러면서 내 마음은 박탈감을 느끼는 것이다. 이 느낌은 우주에 송신이 된다. 우주는 이렇게 답한다.

"그래? 넌 돈이 없구나. 계속 없어야겠네."

우주는 절대 친절하지 않다. 말하는 대로 그대로 피드백 해준다. 두 번째는 부자가 되었으면 '좋겠다'라는 가정형 말투다. '~으면 좋겠다' 이것은 '지금은 아니다'와 동일하다. 첫 번째처럼 똑같은 신호를 우주에 보내는 것이다. 우주는 '~으면 좋겠다'를 인식하는 것이 아니라 '아니다'라고 치환하며 인식한다. 그래서 마찬가지로 "부자가 아니구나! 그래, 계속 부자가 아니면 되겠다!"라며 답을 준다. 맙소사, 이렇게 답답할 줄이야! 개떡같이 말해도 찰떡같이 알아들으면 얼마나 좋겠느냐 싶지만, 우주는 매우 바쁘다. 내 소원만 접수하는 것이 아니라 다른 사람의 소원도 들어줘야 하고 우주도 성장시켜야 하고 할 일이 천지다. 그렇기 때문에 내 소망을 찰떡같이 알아듣기에는 고민할 시간이 없는 것이다. 우주가 한방에 알아들을 정도로 강렬하게 정확히 말해야 한다! 그래야 우주는 흡족해하며 수락한다.

기적을 현실로 만드는 생각의 힘

"좋아! 시원스럽게 정확하게 말하는군! 소원을 들어주마."

그래서 이루어지는 기도는 정확하고 세세해야 한다. 어차피 당신 혼자 알 거라 부끄러워 할 필요도 없다.

일본에 있었을 때, 나는 꿈에 절어 있었다. 나 혼자만의 환상에 깊이 빠져 있던 시기였다. 나는 유학 생활에 남자친구가 있었으면 했고, 매일 중얼거리면서 기도를 했다. 사실 나는 무엇을 하면 말로 안 하고 속으로 하는 버릇이 있었는데, 우연히 방문한 한인 교회에서 기도법에 대해 들었다. '말을 중얼거리면 더 잘 된다.'라는 소릴 들었고 기도를 할 때 중얼거리면서 원하는 남자상에 대해 이야기했다.

"잘생긴 남자가 좋아요. 그 남자가 키도 크고 몸도 좋네요. 먹는 취향이 비슷해서 맛있는 것도 같이 먹어요."

소박하게 열 몇 가지였다. 그리고 난 3주 뒤, 그런 남자를 만났다. 그리고 사귀었다! 그 당시에는 기도 때문에 그런 남자를 만났다고 조금도 생각하지 않았다. 그는 정말 내 이상형의 남자였다. 그런데 내가 기도를 할 때 몇 가지를 안 한 것이 있었는데, 그것이 성격과 취미 같은 것이었다. 상당히 성격이 좋지 않았던 나는 얼마 안 돼서 헤어졌고 그것은 짧은 추억이 되었다.

지금에 와서 다시 시도해보려고 하니 나의 욕심은 너무 커졌다. 당시의 나는 아무 생각 없이 기도를 했고, 욕심 없이 그냥 기도에 빠져 혼자의 감정에 취했었다. 이론적으로 어떻게 된 것인지 알고 있는 지금의 나는 대신 욕심이 많아졌다.

무언가를 이루는 데 있어서 욕심은 매우 중요하다. 그러나 그 욕심과 초조함이 함께하면 소원은 결코 이루어지지 않는다. 순수한 욕심으로 욕망해야 한다. 초조함이 가미가 되면 그것은 곧 불안으로 연계가 되고 우주는 내 소원을 이렇게 받아들인다.

"언어와 감정의 불일치. 기각! 다시 접수하도록."

래퍼 도끼는 항상 노래를 할 때 이루어진 상태를 본다고. 그냥 꾸준히. 몸짱이 되기 위해 그냥 나아가는 것처럼, 꾸준히 원하는 바를 보며 노래를 하는 것이다. 자신과 우주의 근육 연결을 견고히 다지는 것이다.

이미 성취한 꿈을 노래하자. 내 꿈을 성취했는데 흥이 안 난다는 것은 말이 안 된다. 원하는 바를 즐겁게 흥얼거리며 말하고 듣자. 우리는 에너지 파동이다. 지속적으로 즐거운 파동을 흔들어 우주로 쏘아보내면 그것은 다시 즐거운 파동으로 돌아올 것이다. 우주가 좋아하는 노래를 들려줘. 우주가 나에게 선물을 줄 수 있게 하자.

"나는 무한한 가능성을 지닌 존재다."

선입관은 나를 가두는 유리천장입니다. 한계를 두지 마세요. 인간은 소우주입니다. 우주에 한계가 있습니까? 우주에서는 우리가 알지 못하는 것도 일어납니다. 가능성이 가득하죠. 그러면 소우주인 우리도 가능성이 가득하지 않을까요? 나에게 스스로 잣대를 대지 마세요. 나는 무엇이든 이룰 수 있는 사람입니다. 인연과 기회는 내가 알지도 못하는 곳에서 올 수 있습니다. 한계를 두는 순간 그 길은 막히게 됩니다.

3
나의 가치는
내가 정한다

좋아하지 않는 일을 해도 실패는 할 수 있다.
그렇다면, 자신이 좋아하는 일을 선택하는 것이 낫지 않을까?
— 짐 캐리(미국의 영화배우)

나를 대우하자

백지수표 좋아하는가? 난 돈을 좋아하므로 백지수표도 매우 좋아한다. 우리나라에는 백지수표 제도가 없지만 외국에는 있다. 이것으로 꿈을 이룬 유명한 사람이 있는데 영화배우 짐 캐리다. 그는 캐나다에서 배우가 되겠다는 일념으로 할리우드에 왔지만 아직은 이룬 것이 없는 무명배우였다. 그는 자신이 가지고 있는 장난감 백지수표에 돈을 써 넣었다. "1995년 추수감사절, 1000만 달러" 수신인은 짐 캐리, 본인이었다. 그리고 4년 뒤, 그는 〈마스크〉로 스타가 되었고, 연이어서 〈배트맨 포에버〉로 큰돈을 거머쥐게 되었다. 자신이 쓴 대로 1000만 달러를 가지게 된 것이다. 짐 캐리는 그 당시 자신의 가치를 그 정도로 정한 것이다. 지금은 더

거물 배우가 되었으니, 그 자신이 생각하는 가치는 더 클 것이다.

현대 사회는 가치를 파는 시대가 되었다. 자신을 적극적으로 홍보하여 몸값을 높여야 하는 것이다. 자기 PR이니, 연봉 협상이니 이 모든 것이 자신의 가치가 제대로 형성되지 않으면 자신 있게 할 수 없는 것이다. 내가 나의 가치에 대해 확신을 하지 못하면 남 또한 나를 낮추어본다.

'아, 쟤는 가치가 낮은 애구나.'

그런데 외모도 꾸미고, 옷차림도 멋지게 하고 표정과 몸짓도 당당하게 행동하면 사람들은 달리 본다. 인간은 어쩔 수 없이 외향을 먼저 보기 때문이다.

아는 동생이 상하이에 갔을 때의 이야기이다. 어느 음식점 앞에 택시 한 대가 서서 가족이 우르르 내리는 것을 보았다. 그 가족들의 옷차림은 매우 후줄근했고 택시에서 단체로 내려서 '가난한가 보다.' 하며 안쓰럽게 바라보았다. 그런데 가족의 아빠가 두툼한 지갑을 꺼내더니 돈을 한 뭉치 택시 기사에게 쥐어주고, 화려하고 비싼 음식점 안으로 당당히 들어가는 것을 보고는 눈이 휘둥그레졌다고 한다. 그리고 '부자였구나.'라는 생각을 했다고 한다. 만약 그 가족이 멋진 차에서 내리고, 외모와 옷차림이 잘 다듬어져 있다면 지갑의 돈뭉치를 보지 않아도 무조건 부자로 봤을 것이다.

그 사람의 내면이야 당연히 부자였겠지만, 한눈에 알아채기는 누구도 힘들었을 것이다.

외향의 여유로움은 직접적으로 와 닿는다. 우리는 오감을 가지고 있고, 시각은 중요하게 작용한다. 선입견이라는 것은 이 시각에서 시작이 된다. 인간은 누구나 크고 작은 선입견을 가지고 있다. 그것을 극복하기는 상당히 힘들다. 습관처럼 교정하기 어려운 것이다. 습관은 보이기라도 하지만 생각은 잘 보이지도 않는다. 그렇기에 나를 더 다듬고 꾸며야 한다. 직관적으로 가장 먼저 보이는 곳이기 때문이다.

내가 미용실에 갔을 때였다. 나는 옷차림에 크게 신경 쓰지 않는 편이다. 화장도 안 하고 그저 그런 옷을 입고 졸려서 멍한 눈으로 갔더니, 진짜 대충 대한 것이 기억에 남았다. 그때부터 제대로 대우받고 즐기고 싶을 때는 옷을 차려 입고 화장을 하고 말을 더 또박또박하게 하며 등을 똑바로 피는 자세를 할 수 있게 노력했다. 그렇게 하고 몇 달 뒤 미용실을 갔더니 상담 태도와 손질해주는 것이 달라지는 것을 확연하게 느꼈다. 내가 가끔 가는 고급 스시집도 마찬가지였다. 똑같은 나라도 어떤 옷차림과 자세 말투를 하냐에 따라 서비스가 달라졌다. 분명 나는 같은 사람인데도 말이다.

처음에는 속상했다. 고작 옷차림으로 화장으로 이렇게 달라진단 말인가! 속물적이긴! 그런데 생각해보니 나도 그랬다. 우리가 늘 잘 쓰는 말이

기적을 현실로 만드는 생각의 힘

있지 않는가. "이왕이면." 다 똑같다. 이왕이면 예쁘고 잘생긴 사람. 기왕이면 돈 있는 사람. 이런 식으로 말이다. 속담으로 "같은 값이면 다홍치마"가 괜히 나온 것이 아니다. 내가 일본에서 호텔을 이용할 때에도 마찬가지였다. 호텔을 처음 이용할 때에는 어리버리해서 정말 서비스가 엉망이어도 알아채지 못했다. 호텔을 이용할 일이 제법 생겨서 능숙하게 하니 잘못된 서비스도 지적했으며, 좀 더 쾌적하게 지냈던 게 기억이 난다.

당당함의 가치도 가치 나름이다

물론 당당함의 안 좋은 예도 있다. 너무 당당하면 상대방은 깜빡 속는다. 사기꾼이 그렇게 사기를 치는 것이다. 여행을 다니며 호텔을 제법 이용했기에 사용법을 잘 알던 나는 대학교 졸업 여행 때 후배와 같은 방을 썼었다. 당연히 호텔은 방이라도 내 신발을 신거나 슬리퍼를 신으면 되어서 난 편하게 내 신발을 신고 다녔다. 그런데 그 동생이 나를 지적하는 것이 아닌가.

"언니는 무식하게 신발 신고 돌아다녀요?"
"왜? 신발 신는 것 맞잖아."

그러자 그 동생은 진심으로 비웃는 표정으로 나의 몰상식을 탓했다.

"방이잖아요. 방에서 누가 신발을 신어요!"

그 후로도 호텔 방에서 신발을 신으면 안 된다는 이유를 몇 가지를 피력했다. 너무나도 당당하게 말하는 나머지 나는 바보같이 거기에 넘어갔다. 그녀는 자신처럼 문 앞에 신발을 놓으라는 것이다. 머리로는 '이게 아닌데.'라는 생각이 들었지만, 당당함에 넘어가서 '내가 잘못 알고 있나.'라고 생각이 기울기 시작했다. 어쨌든 우리 방 안에서는 신발을 벗고 생활했다. 그날 밤에 후배들 방에 가게 되었는데 습관적으로 그냥 들어가려는 나를 그 동생이 뚫어져라 쳐다봐서 신발을 벗고 들어갔다. 그리고 난 비웃음거리가 되었다.

"언니, 왜 방안에 신발 벗고 들어와요?"

난 할 말을 잃었다. 그야말로 난 바보가 된 것이다. 어설프게 둘러댔지만 분명 티가 났을 것이다. 그 동생은 물론 조용히 신을 신고 들어왔다. 그녀의 당당한 말에 넘어간 나도 잘못이지만, 나는 내가 알고 있는 것에 확신을 가지지 않았던 것이 큰 잘못이었다. 스스로를 믿지 못한 것이다. 자기 신뢰는 가치 상승의 시작이다. 내가 스스로의 가치를 정확하게 측정해야 성장할 수 있는 것이다. 자기 신뢰는 정신적 한계가 사라질수록 탄탄해진다.

일본의 관상용 잉어 '고이'가 있다. 이 잉어는 조그마한 어항에서는 5~8cm 정도로 작은데, 큰 연못에 풀어놓으면 25cm까지 자란다. 강에 방류하면 90~120cm까지 크게 된다. 자신을 둘러쌓은 테두리에 따라서 성장하는 것이다. 자신의 테두리가 좁으면 고이는 내 성장은 여기까지라며 한계를 긋는다. 하지만 강이라는 넓은 세계에서 고이는 주변이 끝없이 넓다는 것을 알고 계속해서 큰다. 스스로의 한계를 풀어헤친 것이다. 인간과 잉어가 같을 수는 없다. 그러나 우리는 고이처럼 내 가치의 한계를 정해놓는다.

'내 상황이 힘들어서 난 여기까지밖에 못해.'
'나는 멍청해.'
'우리 집은 흙수저라 나도 흙수저야.'
'요즘 시대에 취업을 어떻게 해.'

이 모든 것이 스스로의 가치를 깎아먹는 것이다. 이렇게 생각을 바꾸어보자.

'내 상황은 힘들어. 그러나 난 이것을 극복할 수 있어. 봐봐! 잘 하고 있잖아. 이것은 과정이야.'

'나는 배우는 것이 느릴지도 몰라. 그렇지만 늦어지는 시간만큼 차곡차곡 쌓고 있어.'

'우리 집은 가난해. 그렇지만 나는 내가 부유해지는 미래를 보았어. 이것은 과정이야. 크게 앞서나가기 위해서는 그만큼의 반동력이 필요해.'

이렇게 말이다. 지금 당장 힘든 현실을 잊을 수는 없다. 그러나 조금 더 어깨에 힘을 줘보자. 등을 펴보자. 얼굴을 조금 더 깔끔하게 다듬어보자. 그리고 거울을 보라. 무엇이 보이는가? 그 안에는 남이 보는 내가 있다. 그리고 내가 나를 보고 있다. 나는 매일 거울을 보면서 나를 평가한다.

'이 옷차림에 이 외모의 나는 6점. 멋진 전문직 여성으로 볼 수도 있어.'

'이 옷차림은 2점, 외모도 3점. 나는 전혀 꾸미질 않아서 밖에 나가면 백수로 보일 거야.'

'오, 너무 예쁘다! 지금의 나는 부유한 아가씨 같은걸? 10점 만점에 10점!'

이것도 하다 보면 재미있다. 그리고 정말 그런 대우를 받는다. 부유한 아가씨처럼 기분을 느끼고 싶을 때, 나는 정말 잘 꾸미고 고급스런 카페에 간다. 내가 남을 바라볼 때 어떻게 평가하는지 거꾸로 생각하면서 말이다. 그곳에서 성공학 책을 펴고 우아한 자세로 커피를 마신다. 그럴 때

기적을 현실로 만드는 생각의 힘

의 내 기분은 정말 환상적이다. 시간적 재정적 여유가 많은 사람처럼 느껴지는 것이다. 그리고 그 순간 내 미래 가치는 우주에 접수가 된다.

● **기적을 일으키는 한마디**

"나는 내 삶의 과정을 신뢰한다."

자기 신뢰는 내 삶을 이끄는 사람들의 기본 지침입니다. 자기 자신을 믿는다는 것은 삶에 책임을 지겠다는 이야기입니다. 책임과 권리는 한 세트입니다. 신뢰하지 않는 자에게 결코 책임을 지우지 않습니다. 그렇기 때문에 나를 신뢰하면 내 삶을 책임지게 되고, 내 삶에 대한 권리를 가지기 때문에 원하는 삶을 가질 수 있게 됩니다.

4
불가능에 대한
두려움을 이겨라

작게 시작하고, 크게 생각하고, 즐기세요!
– 카일 맥도널드(캐나다의 강연가)

왜 못해?

한국이나 외국이나 누구나 내 집 마련의 꿈을 가진다. 캐나다에 빨간 클립 한 개로 집을 가진 청년이 있다. 바로 카일 맥도널드. 그는 비거 앤드 베터(Bigger and Better) 게임을 해서 14번의 교환을 통해 자신의 집을 가졌다. 그가 그 도전을 선언했을 때, 아무도 성공을 생각하지 않았다. 불가능이라며 그를 비웃었다.

내가 15년 전 일본에 워킹홀리데이를 간다고 했을 때도 모두가 그랬다. 일본어도 모르는데 가서 뭐 하느냐, 여자 혼자 어떻게 외국에 가냐 등 많은 말들이 있었다. 그러나 나는 혼자서 일본 각지를 여행했고, 일본인들 사이에서 제법 잘 어울리며 일도 했다. 일본에서 귀국할 쯤에는 내가 한

　　　　　　　　　　기적을 현실로 만드는 생각의 힘

국어로 이야기하는지 일본어로 말하는지 헷갈리는 꿈을 꿀 정도였다.

나는 혼자 노는 것을 좋아한다. 그러다 보니 단체 여행을 가더라도 혼자 지내는 시간을 많이 가지는 편이었다. 대학교 1학년 때, 학과 주최로 몇몇 학생들과 교수 인솔로 해서 일본을 간 적이 있었다. 버스에서 이동할 때에는 친한 사람들과 놀았지만, 자유 시간에는 나는 혼자 놀았다. 그때는 정말 일본어를 히라가나 정도밖에 몰랐고 일본 여행 가이드북을 가지고 자유 시간에 마음껏 돌아다녔다. 그때 친구들은 나름대로 유명한 집을 간다고 헤메다 결국은 영업 종료가 되어 허탕치고 다른 데서 먹었다고 했다. 나는 혼자 돌아다니면서 먹고 싶은 집에서 느긋하게 먹었고, 쇼핑센터에서 내가 좋아하는 게임 CD를 둘러보기도 했다. 물론 그 게임 CD의 OST도 샀고 그것은 지금도 소장중이다. 호텔로 돌아가는 길에는 디저트도 사서 호텔에 가서 먹었다. 돌아온 친구들의 이야기를 들으니 상당히 고생했었다.

내가 혼자 따로 시간을 보낸다고 했을 때 동기들 중 비웃었던 애도 있었다. 우리는 더 재미있는데 가는데 넌 여기가 어딘지 알고 돌아다니는 거냐고 했다. 그렇지만 난 내 길눈 하나를 믿고 과감하게 이곳저곳을 쏘다녔고 원하는 결과를 만족스럽게 얻어냈다. 외국의 낯선 곳을 다니는 것은 정말 도전이 필요하다. 아무리 자신 있더라도 말도 통하지 않는 곳에서 내가 무엇을 할 수 있을까 걱정도 들 것이다. 그러나 두려움을 가지고 한 발자국도 떼지 않으면 남들과 같이 행동해버리면 내가 원하는 것을 쟁

취하기가 힘들어진다. 블루오션을 개척하는 사람들은 대부분이 남들과 함께 하지 않는 사람들이다. 비웃음을 참고 스스로가 믿는 바를 강하게 믿고 갔던 것이다.

내가 처음 한 나 홀로 근거리 이동은 초등학교 2학년 때였다. 학교에서 소풍으로 간 곳은 철도박물관이었다. 집 근처의 전철로 5~6정거장이 떨어진 곳이었다. 그리고 그곳은 역에서 가는데 어린아이가 돌아다니기에는 조금 애매한 동선이었다. 그 소풍의 기억이 너무 좋았고, 내가 보고 싶은 것을 제대로 보지 못하고 소풍이 끝나서 아쉬웠던 것 같다. 보통은 부모님께 가보고 싶다고 말할 법한데 나는 부모님이 맞벌이인 것을 알고 있었고, 내가 생각하기에는 그 정도는 혼자 가도 충분히 괜찮을 것 같다고 생각해 혼자 다녀왔다. 다 커서 그 사실을 알게 된 어머니는 겁도 없다며 놀라셨다. 나는 그 기억 이후로 나 혼자 어딘가를 여행하는 데 거리낌이 없어졌다.

사람은 사소한 것에 성공을 하고 그것이 차곡차곡 쌓이기 시작하면 두려움이 사라진다. 그 사이에 한두 번의 실패쯤은 겪을 수도 있다. 무조건적인 성공이란 없는 거니까. 그러나 내가 꾸준히 지속적으로 도전을 하면 그것은 내 성공의 비료가 된다. 호기심을 방향키 삼아서 전진해야 한다. 자신의 흥미의 감정을 유지시켜야 한다. 재미있게 원하는 것을 해내어 작은 성공부터 시작해야 한다.

기적을 현실로 만드는 생각의 힘

콜롬버스의 달걀, 누구나 알지만 아무도 모른다

세상을 뒤 흔드는 발견에는 항상 비웃음이 뒤따랐고 불가능이라는 수식어가 붙었다. 콜롬버스도 마찬가지다. 그가 이사벨 여왕의 후원을 받으며 에스파냐를 떠났을 때 모두가 그를 미쳤다고 했다. 그 시대에는 지구가 평평하다는 것이 상식이던 때였다. 그런데 어떻게 지구가 둥글고 저 너머에 있는 인도에 갈 수 있겠냐며 바보라고 했다. 사실 이사벨 여왕도 그를 믿어서 후원한 것도 아니다. 그냥 하도 끈질기게 콜롬버스가 간청을 하니 '이거나 먹고 떨어져라.'라는 심정으로 주었다. 결론적으로 그는 인도를 발견하지 못했다. 그러나 아메리카를 알게 되었다. 그곳에서의 풍부한 자원은 인도의 향신료 이상으로 오랫동안 에스파냐를 살찌우게 된다.

그가 아메리카를 발견하게 되었을 때, 비웃었던 사람들은 '그거 누구나 할 수 있는 거잖아?'라고 했다. 그는 사람들에게 달걀을 세워보라 했고 아무도 세우지 못했다. 그는 달걀의 바닥을 깨트리며 세웠다. 그리고 이와 같이 말했다.

"발견도 이와 같다!"

아무도 가지 않는 길을 가는 것에는 큰 용기가 필요하다. 나는 여행에 관해서는 정말 직진만 하는 편이었지만 다른 것에서는 소심했다. 다른 사람이 먼저 간 길에도 소극적이었는데 새로운 길을 가라고 하면 얼마나 주춤대었겠는가. 특히 인간관계에서 그랬다. 간호대생 1학년 때였다. 학교에서 다음날에 항생제 반응 검사 실습을 할 것이라 공지를 했다. 꽤 아프다고 교수님께서 겁도 주셨다. 나는 메니에르라는 어지러움증 병을 앓고 있었는데 이것은 스트레스를 받으면 극도로 심해져 일상생활이 힘든 경우도 있었다. 겁이 많았던 나는 다음날에 있을 그 실습을 떠올리다가 잤고, 다음날 일어나니 극심한 스트레스로 어지러움이 심해 몸을 일으키기가 힘들 정도였다. 겨우 몸을 일으켜 학교로 갔지만, 수업 및 실습을 도저히 할 상태가 되지 못했다. 결국은 조퇴를 했고, 반 학생들에게 그것에 대해 물어보니 '아프긴 했지만 별거 아니다.'는 평을 들었다. 그러나 나의 두려움은 결코 사라지지 않았다. 반 아이들도 언니 극성이라고 하였다. 다음 해에 무릎 수술을 받게 되었는데 수술이라 항생제 투여가 필수였다. 당연히 항생제 반응 검사를 했고 잠깐 따끔할 뿐이지 극심한 스트레스를 받을 정도로 어려운 것이 아니라는 생각을 했다. 정말 나의 걱정은 '기우'라는 말이 딱 들어맞았다.

그것은 간호사가 되어서 첫 직장을 갔을 때도 마찬가지였다. 새로운 환경, 새로운 지역, 학생이 아닌 직장인으로서 일을 할 때에도 상당히 스트레스를 많이 받았다. 그래서 나의 어지러움증은 자주 발병하였다. 특히 혈관 주사를 놓을 때 스트레스가 심했다. 나도 혈관 주사를 많이 맞아봐서 알지만 얇은 바늘도 아프다. 그런데 두꺼운 바늘로 실패해서 2번, 3번

찌르게 되면 상대방이 얼마나 스트레스 받겠는가. 나였어도 화났을 것이다. 그러다 보니 실패가 더욱 심해질수록 나의 스트레스 역치는 높아져만 갔다. 게다가 이해력도 모자라고 일도 빨리 배우는 편이 아니어서 많이 혼나기도 했다. 건강은 악화되었고, 내 동기도 극심한 스트레스로 일찍 그만두었기에 나는 점점 힘들어졌다. 내가 과감한 성격이었다면 나의 주사 놓기 공포증이나 출근을 하는 두려움은 별로 없었을 것이나, 나는 전혀 그렇지 못했다.

그러다가 어떠한 계기로 주사를 놓는 공포증을 해소하고 실력이 늘기 시작했고, 새 직장으로 갔을 때는 실수가 없는 것은 아니었으니 생각보다 안정권에 진입할 수 있었다. 의료 스킬에서도 그랬다. 나는 여전히 서툴고 느리지만, 첫 직장에 비하면 일취월장한 편이었다.

내가 얻은 것은 한 가지였다. 새로운 환경에 적응하는 것은 누구나 힘들고 스트레스를 받는다. 이것 자체가 도전이기 때문이다. 그러나 힘들고 두려운 그 역치만 넘기면 그때부터는 여유가 생긴다는 것이다.

카일 맥도날드도 그랬을 것이다. 그는 집을 가지고 싶었지만 돈은 없었고 단지 빨간 클립만이 눈에 들어왔다. 그가 이것으로 집을 가지겠다고 선언했을 때에 비난은 쇄도했고 분명 두려웠을 것이다. 왜냐하면 클립 하나로 집을 얻은 사람이 없었기에. 콜롬버스도 마찬가지였다. 그는 지구가 둥글다고 생각은 했지만, 모두가 아니라고 했다. 확신하지 못했을 것이다. 그러나 성공에 대한 일념으로 기필코 떠났고, 지구가 편평하지 않다는 것을 증명하게 되었다. 그 또한 시작할 때에 굉장한 두려움을 가지고 있었을 것이고 확신이 없었을 것이다.

그러나 내가 어떠한 것을 반드시 이루겠다고 생각했을 때 내가 가진 신념, 확신을 스스로가 지키지 못한다면 두려움은 결코 극복하지 못한다는 것을 알아야 한다. 나는 간호사가 되는 것이 정말 싫었지만, 일을 해보니 생각보다 별거 아니었다. 그냥 특수 파트의 직장인일 뿐이다.

새로운 것을 해보는 것이 두려운가? 나도 두렵다. 저 사람도 두렵다. 모두가 두렵다. 그러나 일단 해보자. 안 해도 후회하고, 해도 후회한다면 하고 후회하는 것이 훨씬 낫다. 안 하고 후회하는 것은 남는 것이 없지만, 도전하고 후회하는 것은 정신적 유산을 남긴다. 한 톨이라도 남기는 것이 있다.

기적을 현실로 만드는 생각의 힘

"나의 삶은 항상 새롭다. 나의 삶은 항상 즐겁다."

삶은 여행입니다. 여행은 할 때마다 새로운 것을 발견하게 됩니다. 우리의 뇌는 새로운 것을 인식하면 즐거움을 느낍니다. 회로가 맹렬하게 돌아갑니다. 그리고 또 새로운 길을 만듭니다. 내 삶을 새롭게 바라보면 모든 것이 새롭게 인식이 됩니다. 미래도 새로운 여행입니다. 내 미래의 지도를 만들어 탐험해보세요. 미처 발견하지 못했던 삶의 즐거움이 보일 것입니다.

"없지만 모두 가지고 있다"
– 닉 부이치치

테트라 아멜리아 증후군. 팔다리가 없는 희귀 유전 질환 증후군입니다. 호주에 팔다리가 없는 유명한 사람이 있는데, 그는 바로 닉 부이치치입니다. 우리나라에도 여러 차례 강연을 와서 희망의 말을 던진 사람이죠. 그는 어린 시절에 남과 다른 자신의 몸을 보며 비참함에 빠져 삶의 의욕을 잃은 적이 있습니다. 몇 번이나 자살 시도를 했죠. 세상의 모든 불행은 자신이 가지고 있다고 생각을 했습니다. 그런 그에게 부모님은 말했습니다.

"너는 팔과 다리가 없을 뿐 극히 정상이란다. 너는 생각지도 못할 정도로 행복한 삶을 살게 될 거야."

그 말로 닉 부이치치는 변화하기 시작했습니다. 자신에게 없는 것에 집중하는 것이 아닌 가진 것을 바라보기 시작했죠. 그리고 자신이 할 수 있는 것을 생각했습니다. 세상이 바라보는 자신이 아닌, 스스로가 자신의 가치를 결정하기 시작했습니다. 그때부터 그의 삶은 변화하기 시작했습니다. 신체 건강한 사람이 하는 모든 일을 했죠. 승마, 골프, 서핑, 낚시, 디제잉을 하기도 하며, 음악 지휘도 했습니다. 그는 한 강연에서 이렇게 말합니다.

"길을 가다 보면 넘어질 때가 있습니다. 이렇게 넘어지면 어떻게 하죠? 여러분이 모두 알다시피 모두 일어나죠. 넘어진 상태로는 아무 곳도 갈 수 없으니까요. 하지만 가끔 살다 보면 당신이 넘어졌을 때 다시 일어날 수 있는 힘이 없다고 느낄 때도 있어요. 여러분, 제게 희망이 있다고 생각하시나요? 저는 넘어진 상태고 팔도 다리도 없거든요. 제가 다시 일어서는 것은 힘들겠죠? 그러나 그렇지 않아요. 저는 백 번이라도 다시 일어날 겁니다. 만약 제가 백 번 모두 실패하고 제가 일어나려는 것을 포기하게 된다면 그때야 저는 다시는 일어서지 못할 겁니다. 하지만 실패해도 다시 시도한다면 그리고 또 다시 시도한다면 그것은 끝이 아닙니다. 어떻게 이겨내는 것인가가 중요한 거죠. 다시 일어날 수 있는 용기를 얻을 겁니다."

우리는 팔다리가 있고 제대로 생각도 할 수 있습니다. 말도 할 수 있으며 먹는 것도 문제가 없죠. 지금 내가 겪고 있는 것보다 더 상상도 할 수 없는 상황에 놓여 힘들어하는 사람들도 많습니다. 하지만 보통은 내가 가지고 있지 않은 것에 집중을 합니다. 내가 할 수 있고 가지고 있는 것을 생각한다면 의외로 많은 것을 해낼 수 있습니다. 나를 불가능하게 만드는

것은 단 하나, 나의 생각뿐입니다. 내가 해낼 수 없다는 그 생각, 그것이

아무것도 할 수 없게 만듭니다.

기적을 현실로 만드는 생각의 힘

성공한 사람처럼
살아라

모든 성취의 시작점은 갈망이다.
– 나폴레온 힐 (미국의 성공철학자)

성공에는 이유가 있다

나는 항상 실패자의 삶을 살았다. 사실 그럴 만도 했다. 나는 노력하는
것을 지독히도 싫어하는 게으름뱅이였다. 인생은 태어났으니 사는 것이
고, 죽는 것보다 사는 것이 쉬워서 살 뿐이었다. 사는 것에 의욕이 있을
리가 없었다. 이런 사람에게 성공은 결코 오지 않는다. 자신을 원하는 사
람이 수두룩한데 외면하는 사람에게 다가갈 이유가 없기 때문이다.

나폴레온 힐을 모르는 사람은 거의 없을 것이다. 그는 20세기 최고의
성공학 대가로 손꼽히는데 그 시작점은 앤드류 카네기를 만나서부터였
다. 카네기와의 인터뷰에서 그는 성공자들의 성공 방식을 알았고, 그때부
터 온갖 성공한 기업가들을 찾아다니며 인터뷰를 했다. 그리고 그들이 성

공하게 된 '법칙'을 정리하기에 이른다. 그는 이렇게 말했다.

"인간은 자신을 훈련하고 더 나은 존재로 탈바꿈할 수 있으며 인간만이 그런 힘을 지녔다. 그 힘이 이루어내는 성취의 한계는 없다."

인간은 자신의 의지에 따라 성장하며 더 나은 존재가 될 수 있음을 그는 그의 저서 여러 권에서 피력한다. 내 주변을 봐도 한 분야에서 능숙하게 일을 하는 사람들을 보면 모두가 노력을 부단히도 한 사람들이었다. 안타까운 것은 그들 중 누구는 성공하고 누구는 그저 그런 삶을 사는 것을 보고 비교하게 되었을 때였다. 그것은 바로 생각에 있었다. 여기서 의문을 가질 것이다. 생각과 성공은 무슨 상관관계인가. 노력을 하면 일은 익숙해지고 지식은 풍부해진다는 것은 분명한 사실이다. 그러나 그러한 사람들이 모두 성공한다는 것은 거짓이다. 똑같이 노력을 해도 생각이 이미 이루어진 결과에서 살고 있는 사람은 지금 당장 성공이 눈에 보이지 않을 뿐이지 곧 성공이 눈에 보이게 된다. 그러나 생각이 현실에만 머물러 있는 사람들은 전진하지 못하고 그 자리에 있게 된다. 그들 중 몇몇은 퇴보하기까지 한다.

공방을 하는 몇몇 친구 중 비슷한 미술 업종의 B와 C가 있다. 이 친구 둘은 전혀 모르는 사이이다. 이 친구들을 보면 비슷한 일을 하지만 매우 다른 차이점이 보인다. 비슷한 점을 보자면 둘 다 비주류의 공방이다. 둘 다 외부 강의를 한다. 자체 강의도 진행한다. 자신만의 가게가 있다. 현재 업계로 전환한 지 몇 년이 안 되었다. 물론 전업으로 돌아서기 전 취미로는 둘 다 꾸준히 해왔다. 그러나 B는 계속해서 시작했던 그 자리에 머무르고 오히려 빚이 쌓여가고 있다. 강의료는 상승하지 못하고 있고, 자신의 공방도 잘 진행이 안돼서 근근이 생활하고 있다. C의 경우에는 조금씩 이름이 알려지기 시작했다. 외국의 상도 제법 받기 시작했고, 인스타그램에서 그녀의 작품이 조금씩 알려지기 시작했다. 강의를 나가도 대우도 좋은 편이고, 자신의 공방과 자체 강의도 운영이 잘되는 편이다.

둘의 차이점은 생각이었다. B의 경우에는 항상 실패를 염두에 두고 있었다. 입에는 불평불만을 달았고 짜증을 냈다. 그녀의 주변은 음침했다. 어느 순간 나도 그녀와의 연락을 서서히 피하기 시작했다. 반면에 C의 경우는 낙천적이다. 그녀는 항상 "되겠지!"라며 항상 자신의 작품에 자신감을 가졌다. 수상의 확신을 가지고 다음 수강생 모집에 대해 걱정하지 않았다. 그녀를 보면 항상 밝은 빛이 돌고 있는 것이 느껴질 정도였다. 그녀를 보면 항상 재미있고 밝아서 바쁜 C를 보고 싶어 내가 먼저 연락을 했다. 해당 업종을 처음 시작하던 C는 그녀는 결코 미래에 대해 걱정하지 않았다. 자신이 이것을 하는 것은 성공에 대한 강한 확신이 들어서이고 자신은 우리나라에서 이 업계에 자신의 이름을 널리 알리겠다고 이야기했다. 업계가 좁아서 치열하다거나 어려운 작업 환경에 대해서는 결코 입밖에 내지 않았다. 내더라도 항상 긍정 일색이었다.

"그 사람들보다 내가 더 뛰어나!"

그녀가 항상 하는 확언이었다. C의 그림은 일반인인 내가 봤을 때는 다른 것과 큰 차이는 없었다. 그러나 그녀는 당당했고 지금은 제법 뛰어난 예술가로 입소문이 돌고 있다.

지금의 나 또한 내 주변에서 성공하기 시작한 사람들의 사례를 조금씩 모으고 있다. 아무 생각 없이 보았던 그들을 성공 사례를 위한 시각으로 바라보니 달라 보이기 시작했다.

성공으로 가는 길잡이를 찾아라

우선 그들은 목표가 정확했다. 언제까지 어떻게 무엇을 얻고 싶은지 정했다. 살짝 막연하더라도 좋다. 예를 들면 '몇 년도 모월까지 나의 순수익은 월 1억 원이다.' 이정도만 해도 충분하다. 이미 그들은 자신의 아이템이 있기 때문에 방법은 알아서 찾을 것이기 때문이다. 아이템이 없더라도 이렇게 목표를 세우는 순간 어떻게 해야 여기에 도달할 것인지 내 머리는 맹렬하게 회로를 돌리기 시작하고 신호를 보낸다. 그리고 영감, 아이디어라는 통로로 방법을 지시해준다. 또, 목표가 정확하면 내 안에 진취적인 감정이 생기게 된다. 내가 원하는 길로 가기 위해 치밀하게 설계를 하고 포기하지 않는 뚝심을 가지게 된다. 내가 인생에 가야할 길에 대해 비전을 가지게 되었을 때, 먼저 시작한 것이 자세한 목표였다. 물론 조금씩 수정이 되지만 기본적인 골격이 변하지는 않았다. 추진할 수 있는 진취성이 생겨 앞으로 나아가게 되었다. 그에 나는 놀랐다. 내가 고등학생 때, 이 정도로 했다면 내 출신 대학은 달라졌을 것이다.

두 번째로는 '마스터마인드'를 가지는 것이다. 나폴레온 힐은 자신의 저서『힐의 황금법칙』에서 이렇게 말했다. 마스터마인드는 곧 조직화된 노력을 말한다. 인간은 혼자서는 살 수 없다. 외부와 내부에서 지지를 받고 톱니바퀴처럼 맞물려지는 협조를 받는지에 대해 질문을 했다. 외따로 떨어져서는 인생에서 진정한 성공을 가질 수 없다고 보았다. 또한 성격을 강조하였는데 다른 사람의 감정을 상하게 하지 않는지, 주변 사람들이 자신을 좋아하는지, 내 일에 관심을 가지는지에 대해 살펴보라고 했다. 주변의 관심과 사랑을 성공의 지름길이라 본 것이다. 사실 무엇이든 처음 시작할 때에는 입을 다무는 것이 좋다. 대부분은 반대를 하기 때문이다. 그리고 거기에 흔들리게 된다. 나도 옛날에 비전에 대해 이야기했을 때 소수는 좋은 소리를 했고, 대부분은 부정적인 소리를 했다. 걱정의 소리라는 것은 알지만 그 에너지는 나에게 좋은 영향을 미치지는 않는다. 또 그 감정에 흔들리면 나도 모르게 불안해져서 다른 이들을 상처주고 초조하게 만들어 결국은 일을 그르치게 만든다. 그래서 최근 준비하고 있는 것에 대해서는 거의 이야기를 하지 않았다. 내 목표가 약간의 궤도에 올랐을 때, 선로 이탈이 확실하지 않을 때 공개해야 한다. 그래야 톱니바퀴에 윤활유가 쳐진 것처럼 인간관계가 매끈하게 돌아가기 때문이다. 그제야 사람들은 부정적인 말보다 긍정적인 말을 더 많이 하게 된다.

세 번째는 자신의 신념을 가지는 것이다. 자신에 대한 무한신뢰가 중요한 것이다. 허언이 아니라 확신을 하는 것이다. 이것은 목표와 부합이 된다. 정확한 목표는 확실한 자기 신뢰를 주게 된다. 그것은 내 내면의 깊숙한 두려움을 상쇄시켜준다. 신념은 긍정적인 마음과도 연결이 되는데 이것은 내 안의 부정성을 소멸시키게 하고 다시 열정을 생성시켜 자신에게 피드백 한다. 선순환이 이루어지는 것이다. 나는 정말 자괴감이 심한 사람이었다. 스스로를 믿지 못하였기에 행하는 것에 있어 자신감이 없었다. 그리고 남들은 그것을 안다. 신념을 가지고 당당하게 행동하면 남들은 그런 줄 안다. 잘못된 예이지만 그래서 사람들이 사기꾼에게 속는 것이다. 사기꾼은 자신도 감쪽같이 속이고 나아간다. 나는 내가 이루고자 하는 것을 매일 밤 생생하게 상상하고 잔다. 가끔은 너무 벅차올라서 입꼬리가 절로 올라가는 것을 느낀다. 가슴이 심하게 두근거리는 것도 느낀다.

네 번째로는 집중이다. 성공하는 사람치고 집중하지 않은 사람은 없다. 우주는 한 가지만을 본다. 집중하는 것에 답을 주게 된다. 그들은 성공에

기적을 현실로 만드는 생각의 힘

대해 자신이 하고 있는 것에 무한한 신뢰와 집중을 가진다. 이것은 시너지를 가진다. 집중하는 사람들은 실패를 해도 다시 일어서는 회복 탄력성을 가지게 된다. 이들은 자신이 원하는 것에 집중하는 시간을 가지기 위해 잘못된 습관을 교정하게 된다. 내 주변의 성공한 사람들을 보면 시간 관리가 정말 철저하다. 자신이 나아가야 할 방향은 끊임없이 투자하고 계발해야 하는 데 여기에는 시간이 중요하게 작용하기 때문이다. 오래 고민하고 집중하면 흐릿하던 것들도 명확하게 보이기 시작한다. 공부를 집중하면서 했을 때 시험 답이 쏙쏙 보이듯 말이다. 필요하면 꿈에 나타나기도 한다. 내가 이루고자 하는 것에 대해 이미 이루었다고 생각해야 한다. 내 감정이 꿈을 이룬 것에 대해 요동치면 그 주파수는 긍정적으로 움직이기 시작한다.

마지막으로 건강 관리인데, 성공한 후에 건강이 무너지면 아무 소용이 없기 때문이다. 그 때문에 나 또한 운동을 하고 있다. 내 삶의 비전이 보이지 않았을 때는 정말 오늘만 사는 쾌락주의자였다. 그러나 내가 가야 할 방향을 보고 난 후, 나는 운동을 결심했다. 건강이라는 것은 하루아침에 좋아지는 것이 아니기 때문에 아직 큰 결과가 없지만 내 몸이 보다 쾌적해진 것 같은 느낌은 받는다. 성공을 향해 달려갈 것이라면 몸이 아파서 시들해진 상태에서 이룬 것보다 건강한 상태에서 이룬 것이 더 성취감이 클 것이다. 성공해서 병원에 입원만 할 것인가? 난 싫다. 성공해서 놀러가고 온갖 것을 먹는 것이 좋다. 장수만으로는 의미가 없다. 성공한 무병장수가 되어야 한다.

성공한 사람들을 연구한다는 것은 매우 중요하다. 시기 또한 성장의 원동력이 된다. 그 사람들을 동경해서 부러운 것도 좋다. 어느 것이든 저 사람처럼 되고 싶다는 목표가 생기기 때문이다. 현재 나의 목표는 〈한책협〉의 김태광 대표처럼 억대 연봉에 다른 사람들을 도와주는 코칭을 하는 것이다. 그것을 상상하며 가는 것은 꽤 즐겁다. 내가 그 사람이 된 것처럼 성공의 놀이에 푹 빠져보자.

"나는 내 자신이 행복의 근원이라는 것을 안다."

나비 효과라는 말이 있습니다. 인식도 못할 정도의 미미한 나비의 날개 짓이 다른 대륙의 거대한 태풍을 불러온다는 뜻입니다. 우리의 삶도 마찬가지입니다. 행복을 불러오려면 행복의 씨앗을 찾아내서 키워야 합니다. "콩 심은 데 콩 나고, 팥 심은 데 팥이 난다."는 말이 있습니다. 내 안의 긍정의 씨앗에서 긍정적인 생각과 행동이 나옵니다. 내 안의 행복의 씨앗을 찾아서 심으세요. 그러면 그것은 어느새 피어날 것입니다. 당연히 물도 주고 비료도 줘야겠죠?

6
원하는 바를
명확히 주문하라

스스로를 특별하다고 여기는 자신만큼 유익한 것은 없다.
– 앤드류 카네기(미국의 강철왕)

바라보는 곳의 이정표를 정확히 하라

미국의 산업 시대를 일으킨 거인들 중 강철왕 앤드류 카네기가 있다. 그는 매우 가난한 집에서 태어났는데 성공학에 심취해 있었다. 어느 날 성공학 책에서 발견한 몇 가지 원칙을 자신의 삶에 적용시키기로 하였다. 그리고 그 결과는 우리가 아는 그대로다. 미국 철강 산업의 대부분을 쥐게 되었고 상상할 수 없는 거부가 되었다.

현대 사회를 살면서 성공학을 한 번도 접해보지 않은 사람은 없다. 나 또한 성공학을 접했고, 그 처음은 초등학교 때, 초능력과 관련된 책에서 보았다. 대부분의 원칙은 비슷하다. 원하는 금액의 돈을 명확히 하고, 무엇을 할 것인지 결정해야 한다. 그리고 원하는 금액이 들어오는 날짜를

기적을 현실로 만드는 생각의 힘

정확히 하고 돈을 얻기 위한 계획을 철저히 세우고 준비가 덜 되었더라도 즉시 행동을 시행해야 한다. 강렬하게 원하면 영감이 떠오른다. 그 내용들을 적어라. 종이든 노트북이든 핸드폰이든 좋다. 적어라. 적고 자기 전과 일어난 후 읽어야 한다. 또박또박 내 귀에 잘 박히게. 이미 이루어진 것처럼 해야 한다. 그 이유는 말을 통해서 나에게 각인을 하고 듣는 것을 통해 2차 각인을 하게 된다. 이루어진 것처럼 해야 하는 이유는 그래야 이미 이루어진 파장을 우주로 보내기 때문이다. 내가 긍정적인 마인드를 유지할 수 있게 도와준다. 앞의 다른 것을 아무리 잘 했어도 이미 이루어진 것처럼 하지 못한다면 그것을 절대 이루지 못한다.

카네기뿐만 아니라 나폴레온 힐도 그렇게 이야기했고, 네빌 고다드, 조 비테일, 닐 도날드 월시, 잭 캔필드, 에스더 힉스 등이 다 똑같은 이야기를 하고 있다. 그것을 오감에 각인시키고, 이루어진 듯이 생생하게 상상하여 육감에 넣어야 한다고 말한다.

나는 주차가 매우 잘된다. 정말 어디를 가든 내가 원하는 최적의 위치, 아니면 근접한 위치라도 5분 이내에 주차를 하게 된다. 나는 주차를 하기 1~2분 전에 항상 이렇게 말한다.

"내가 원하는 가장 완벽한 자리에 주차를 해서 감사합니다."

그러면 정말 자리가 생긴다. 이때 나의 기분은 정말 즐겁다. 주차에 대해서 스트레스를 받지 않고 편안하기 때문이다.

반면에 나는 이성 관계에서 잘 풀리지 않는 편인데, 나의 욕심이 과하기 때문이다. 이상형 목록이 과해서가 아니다. 내 욕심이 개입하게 되면 감정은 사정없이 폭풍에 휘말리는 나무처럼 흔들린다. 내 감정은 꿈을 이루는 데 있어서 가장 중요한 이정표이다. 누구나 강한 생각은 할 수 있다. 그러나 생각만으로는 안 된다. 내 감정이 이미 이루어진 그곳에 있어야 된다.

내 친구 중에는 꽤 잘사는 친구가 있다. 그 친구는 정말 밑바닥에서 시작했었다. 어린 시절 부모님은 이혼하고 보육원에서 자랐으며 학창 시절에는 패싸움을 하고 다니다가 중퇴를 했다. 이 친구의 마음속에는 항상 '내 삶은 이러다가 끝날지도 모른다.'라는 불안감이 자리 잡고 있었다. 마음을 잡으려고 해도 하는 일마다 되는 것이 없었다. 점점 친구의 마음은 초조해지고 불안해지기 시작한 것이 보였다. 일은 점점 꼬여갔다. 너무 안타까워서 나는 친구의 이야기를 들어주고 맞장구를 쳤다. 이것이 나의 큰 잘못 중 하나였다. 이 친구를 구해주는 것이 아니라 더 깊은 감정의 나락으로 끌고 간 것이다. 지금에서야 성공했기 때문에 농담 삼아 듣는 이야기이지만 내가 친구의 말에 맞장구를 칠 때마다 친구는 더 좌절감을 느꼈다고 했다.

기적을 현실로 만드는 생각의 힘

'쟤는 나보다 상황이 나은데도 힘들다고 하니 나는 더 가망이 없구나.'

이렇게 생각을 하며 자신도 모르게 실패한 상상을 했다고 한다. 인간은 좋은 상황에서 즐거운 상상을 하는 건 쉽다. 반면에 힘든 상황에서는 부정적 상상이 쉽고, 긍정적 상상은 어렵다. 이 친구의 경우엔 부인인 H를 통해서 힘든 상황에서 긍정적 상상을 하게 되었다고 한다. H는 상당히 긍정적인 사람이었는데, 일단 친구에게 끊임없이 긍정을 불어넣어주고 좋은 말을 해주었다고 한다. 그리고 힘든 상황에 처한 그에게 성공한 미래를 생생하게 떠올리라 했다. 친구는 그녀를 깊이 사랑했고 그녀와 함께 행복하게 성공하는 모습을 매일같이 떠올리고 적은 것을 읽었다고 했다. 그러다 보니 어느 순간 자신감이 생기고 대출해서 시작한 사업도 서서히 궤도에 오르기 시작했다. 지금은 누구보다도 긍정적이고 돈이 많은 친구다. 그가 말하는 것도 똑같았다.

"나는 H와 함께 운영하는 사업을 성공해서 부유하게 되고 싶었어. 그녀가 나 때문에 고생하는 게 싫었거든. 그래서 몇 년 뒤에 내 옆에서 부자집 마님처럼 좋은 옷을 입고 악세서리를 하고 편안한 집에서 있으면서 내 사업이 잘되고 있다는 내용에 대해 이야기 나누는 것을 상상했어. 그러니까 되더라고."

크리스마스의 설렘의 마음을 가져라

크리스마스에 받고 싶은 선물에 대해 기도하는 것을 생각하면 쉽다.

"저는 이번 크리스마스에 멋진 인라인 스케이트를 가지고 싶어요."

이 기도에는 정확한 날짜, 그리고 소원하는 바가 명시되어 있다. 그리고 보통 아이의 기도는 소리 내며 읽는다. 아이들은 크리스마스 아침에 일어나면 선물이 당연히 놓인 것을 상상하고 잠에 든다.

내가 한창 편입 공부를 하고 있을 때다. 내가 바라는 것을 적었는데 다음과 같았다.

– 분주하게 움직이는 멋진 직업
– 남들이 알아주는 전문가
– 30대에는 또래보다 많이 벌 것
– 안정적인 직장

그리고 내가 바쁘게 움직이는 것을 그렸다. 사실 내가 생각한 것은 다른 직업군이었는데, 나는 간호사가 되어버렸다. 쓴 그대로 상상한 그대로 분주하게 움직이고, 남들이 알아주는 분야의 전문가가 된 것이다. 그리고

기적을 현실로 만드는 생각의 힘

신입치고는 연봉도 괜찮게 시작했고, 안정적인 병원에 취직을 했다. 나는 내가 써놓은 노트를 보고 깜짝 놀랐다. 상상한 것은 지금도 가끔 기억이 나지만 이런 식으로 써놓았을 거라고는 생각도 못한 것이다. 다른 점은 상상 속의 나는 검은 정장을 입었던 것이고, 지금은 보라색 유니폼을 입는 것이었다. 그리고 성공학에 대한 책을 쓰고 싶어서 그것도 노트에 적어놨었다.

　－ 나는 유인력의 법칙에 대해 정리한 책을 쓸 것이다
　－ 나는 유인력의 법칙에 대한 강연과 상담을 한다

　결국 나는 이렇게 법칙에 대해 정리하게 되었다. 가끔은 카페나 같이 유인력을 하는 모임의 사람들에게 상담을 해주기도 한다. 모두 나에게 대체 이런 지식을 얻었냐며 자신의 상황을 딱딱 집어낸다고 놀라기도 한다. 10년 전 상상한 것들이 지금 차근히 이루어지고 있던 것이다. 바쁘게 사는 직업에 대한 꿈과 작가가 되는 것에 대한 꿈, 둘 다 어느 순간 흐지부지되었지만 오랜 기간 동안 쓰고 읽었다. 내 의식을 고쳐시켜주는 음악을 들으면서 상상했다. 명확한 목표를 각인하면 결국은 내가 어떻게든 움직일 수 있게 길을 만든다. 나도 평범한 내가 책을 쓸 수 있는 방법을 배울 거라고 생각하지 못했으니까.

쓰는 것은 설계도이다. 말하는 것은 설계도를 외우는 것이다. 상상하는 것은 설계도를 3D로 만들어 구체화시키는 것이다. 이렇게 갖추어지면 나중에 설계된 것을 만들 때 보다 구체적으로 정확하게 만들 수 있다. 그리고 다 만들어진 후 어떤 모습일지 정확히 알 수 있다.

현실에 구현이 안 될 뿐이지 미래에는 이미 나타난 것이나 마찬가지이다. 그러면 내게 주어진 영감을 믿고 따르고 미래를 기다리면 된다. 몇 가지가 안 되지만 난 이것을 통해 많은 것을 이루었다. 전문성 있는 바쁜 직업, 책 쓰기, 남자친구, 외국에서 생활하기 등.

지금 당장 내가 꿈에 대해 소원에 대해 적은 것을 찾아보자. 그리고 지금의 나와 비교해보자. 아마 깜짝 놀랄 것이다. 이루고 싶은 꿈이 있는가? 안 적었다면 당장 정확하게 적어라. 밤낮으로 읽어 내 머리에 각인시키고 꿈꾸라.

"나는 과거로부터 자유롭다.
나는 앞으로 나아간다. 나는 안전하다."

과거에 얽매인 사람은 절대 전진하지 못합니다. 과거만을 돌아보기 때문에 미래를 개척할 수 없습니다. 과거만을 보는 사람은 과거에 집착을 하기 때문입니다. 내 미래에 다시는 그와 같은 기회가 없을 것이라 확신하기 때문이죠. 내 미래가 풍요롭고 기회가 가득하다고 생각하는 사람은 결코 과거를 보지 않습니다. 자신이 개척할 미래에 대해 확신을 가지세요. 결코 그 미래는 해치지 않습니다.

7

위험을 감수하고
극복하라

> 스스로 못 할 것이라고 생각하는 것은 자신을 속이는 가장 큰 거짓말임을 명심하라.
> – 존 데이비슨 록펠러(미국의 석유왕)

제대로 해보자

나는 겁이 많다. 그래서 번지점프를 할 때도, 짚 와이어와 바나나보트를 탈 때도 떨었다. 사실 나는 바이킹이나 청룡열차도 잘 못 탔다. 무섭기 때문이다. 그러나 한 번씩 타 보고는 그 재미를 알고는 두려움은 버렸다. 인생을 사는 데도 작고 큰 두려움이 존재한다. 어떤 사람들은 두렵지만 넘어가고, 누구는 영원히 넘지 못한다. 경험해보면 아무것도 아닐 두려움일 수도 있는데!

나는 옛날부터 작가가 되고 싶었다. 소설 작가 그리고 자기계발 전문작가. 그러나 수시로 습작들을 만들어내면서 '나는 글솜씨는 없구나.'하며 좌절을 했다. 그러나 〈한책협〉의 김태광 대표는 자신의 저서 『가장 빨리 작가 되는 법』에서 이렇게 말했다. "작가가 되고 싶은가? 그렇다면 글을 써라." 나는 지금 글을 쓰고 있는데, 제대로 완성도 시키지 못하고 작가도 못 되었는데 무슨 소리야 하며 의문을 가졌다. 그런데 뒤에 뼈를 찌르는 말이 쓰여 있는 것이 아닌가!

"대부분은 작가를 꿈꾸지만 실제로는 단 한 줄도 쓰지 않거나 고작해야 원고 2~3장만 끼적여 놓고는 전진하지 못한다."

내 이야기였다. 몇 줄만 쓰거나 아니면 몇 장만 쓰다가 접는 경우가 대다수였다. 머릿속에 아무리 많은 스토리와 정리된 지식이 있으면 무얼 하는가. 세상에 빛을 보지 못하는데. 김태광 대표는 이렇게 말했다.

"글을 끼적이더라도 절박하지 않기 때문에 쓰지 않는다."

맙소사! 그러고 보니 나는 작가가 되는 것이 나의 미래의 돌파구라고 생각했기에 책을 쓰는 것이었다. 책을 쓰기로 결심하면서 그가 적어놓은 책을 쓰지 못하는 여러 가지 핑계를 보면서 나는 이 핑계를 방패삼아 작가가 되는 것을 무의식적으로 두려워한다는 것을 깨달았다.

대충 하다만 시도는 결코 도전이 아니다. 온천이 뜨거워서 무서울 것 같다고 발끝만 대는 것을 온천을 즐겼다고 이야기하는가? 아니다. 온천에 몸을 푹 담궈야 즐겼다고 하는 것이다. 도전도 마찬가지다. 엎어터지고 깨져봐야 한다. 깔짝대는 것은 도전이라고 말도 못한다. 도전을 망설이는 이유는 실패를 두려워해서다. 성공을 하려면 실패를 맛봐야 하고 결코 쉽게 주어지지 않는다. 실패를 하고 그것을 복기해서 다시 재도전해야 하는 것이다. 지속적으로 도전해야 하는 것이다.

어차피 내가 가만히 있어도 위기는 온다. 그렇다면 내가 준비를 하기 전에 위기를 맞느니 차라리 준비를 하고 위기에 뛰어드는 것이 훨씬 낫다. 내가 겪게 될 위기가 두려우면 준비하고 도전하고 극복한 후의 만족감이 넘치는 상상을 하라. 지레 겁먹고 '저 위기를 어떻게 넘기지?'라고 하지 말자. 내가 어떤 식으로든 위기를 겪고 난 뒤를 생각하는 것이다. 내가 위기 후 실패한 것을 상상한다면 그 위기는 넘기지 못할 것이다.

나는 어려운 위기가 있을 때, 그것을 극복한 후를 상상했다. 사실은 그 상상이 매우 힘들었다. 내가 힘든데 어떻게 만족하게 극복한 것을 떠올릴 수 있겠는가. 그러나 이렇게 생각해 보았다.

"내가 이 위기를 돌파하면 어떤 기분일까?"

그러자 어떤 식으로 상상을 해야 할지 길이 보였다.

기적을 현실로 만드는 생각의 힘

내가 간호대 1학년이었을 때다. 나는 의욕에 찬 20대였고, 장학금을 원했었다. 그때 학교에서는 과목별 멘토링 시스템이라는 것이 있었는데, 그 과목에 대해 잘 아는 학생이 지도해서 다른 학생들을 가르치는 것이었다. 식비를 제공하였고, 가르치는 멘토에게는 소정의 장학금도 주었었다. 나는 문과 학생이었고, 심지어 생물1은 10년 전에 배운 것이 다였기 때문에 생리학 과목을 하나도 몰랐다. 용어를 몰랐으니 책을 펴도 막막했다. 나를 포함한 몇몇의 학생들이 생리학이 어려우니 일단 멘토를 초빙해보자며 멘티 목록에 이름을 적었다. 그리고 어쩌다 보니 나는 멘티 목록을 적은 종이를 담당 교수님께 제출하게 되었다. 교수님은 목록을 보더니 멘토가 없는 것을 지적하셨다.

"멘토가 없네?"
"네. 저희 아무도 생리학을 몰라서요."
"너가 하면 되겠다."
"네?"

교수님께서는 벙찐 내 표정 따위는 아랑곳하지 않고 웃으며 지시했다.

"너가 해. 너가 공부하면서 애들 가르쳐봐. 그러면서 배우는 거야. 장학금도 주고 남을 가르치면서 다시 공부하고."

그렇게 나는 생리학을 하나도 모르는 상태에서 나처럼 백지인 아이들을 가르쳐야 하는 상황이 왔다. 결국 자료를 조사하고, 용어를 모르는 사람들을 위해 주석과 더 이해하기 쉬운 그림까지 그려서 자료를 나눠주고 가르치게 되었다. 정말 얼마나 공부한지 기억도 안 난다. 생리학 교수님은 자료를 보더니 너무 잘 만들었다면서 자료 제출하라고도 했다. 나에게 배운 동기들은 하나같이 이해와 성적도 좋았다. 나도 제대로 무언가를 하면 해낼 수 있다는 것을 깨달았다. 마찬가지로 유인력의 법칙은 운동과도 같아서 제대로 시작하면 마음의 근육도 강해진다고 할 수 있겠다.

이루어진 후의 기분을 느껴야 한다

정말 하나도 몰라도 결국 상황에 부딪치면 어찌되었든 해결할 수 있다. 몰라서 못 하면 배워서 하면 되는 것이고, 남에게 가르쳐본 적이 없다면 가르쳐보는 것을 해보면 되는 것이다. 꾸준히 하다 보면 요령이 생기게 된다. 나는 잠자기 전에 항상 동기들에게 공부한 것을 능숙하게 가르치는 것을 상상했고, 동기들이 나에게 고마워하는 것을 심상화했다.

이러한 위기를 통해 나에게 가르치는 것에 재능이 있다는 것을 알았다. 그래서 나는 동기들을 가르칠 때 더욱 즐기면서 했다. 나도 모르게 강연가의 꿈을 꾸게 되었다. 내가 만약 저 상황에서 기피하고 포기했다면 난 내 재능을 발견하지 못했을 것이다. 그리고 생리학에는 여전히 자신이 없었을 것이다. 그때 배운 바탕은 전공을 이해하는 데 많은 도움을 주었다.

잠깐의 위기가 나를 단련시켜 내가 가고 싶어 하는 길을 알려준 것이다.

문재인 대통령은 2012년 대선에 패배하며 책을 한 권 냈다. 『1219 끝이 시작이다』 이 책은 자신이 왜 낙선했는지에 철저하게 복기한 책이다. 그리고 2017년 대한민국 19대 대통령에 당선이 되었다. 그는 낙선에도 좌절하지 않고 왜 자신이 졌는가에 대해 돌아보고 두려움을 이기고 대통령이 된 자신을 상상하며 재도전을 했다. 도전의 상징으로는 미국의 대통령 링컨이 있다. 그는 수많은 낙선을 겪으면서도 재도전을 해서 미국의 노예 해방이라는 업적을 남긴 대통령이 되었다. 링컨은 낙선할 때마다 자신을 성공한 사람처럼 꾸미고 이미지 메이킹을 하여 실패한 사람처럼 보이지 않게 생각을 긍정적으로 다졌다. 이들이 자신의 실패에 전전긍긍하며 나아가지 못했다면 결코 성공하지 못했을 것이다.

내가 간호사가 갓 되었을 때다. 나는 주사 놓는 것을 극도로 무서워했지만 결국은 '토니켓'이라는 고무줄을 이용하여 진짜 혈관에 놓는 것처럼 연습하고 그 느낌을 떠올렸다. 부모님이 주사를 잘 놓는 나를 칭찬하는 장면을 상상하고 기뻐했다. 그래서 그 두려움을 극복했다. 두렵다고 우물쭈물 도전을 포기해버리면 그 시간에 남들은 앞서 나간다. 뭐라도 해야 살아남는 현대 사회에서 두려워도 도전하고 극복한 것을 떠올려야 한다. 현재를 피할 수 없으면 즐기라고 했다. 지금의 모습을 자연스럽게 받아들이고 앞으로 내가 멋지게 위기를 극복하는 상상을 해보자. 위기에 대한 걱정으로 잠이 안온다고? 그러면 그 시간을 활용해보자. 당신이 극복 후에 어떻게 되고 싶은가? 그 후에 당신의 감정이 어떤가? 당신은 어떤 말이나 행동을 할 것인가? 극복 후의 분위기는 어떨까? 생각만 해도 이미 위기를 극복한 자신이 뿌듯하지 않을까?

● **기적을 일으키는 한마디** ────────────

"나는 나를 창조한 힘과 하나가 된다. 나의 세상에서는 모든 것이 좋다."

내 안에는 고귀한 신성이 잠들어 있습니다. 그 신성은 세상에 커다란 흔적을 남길 수 있는 거대한 힘이 있습니다. 그러나 나와 동떨어져 있고 잠들어 있기 때문에 그 힘은 제대로 발휘될 수 없습니다. 내 안에 신성이 있다는 것을 인식하세요. 그리고 그 신성은 이 세상을 사랑하고 좋아한다는 것을 깨달으세요. 그러면 어느새 내 안의 신성이 깨어나 있는 것을 알게 됩니다.

기적을 현실로 만드는 생각의 힘

"나를 흘려보내고 근원으로부터 깨어나다"
– 레스터 레븐슨

미국에는 다양한 유인력의 법칙을 알려주는 단체가 있습니다. 그 중 릴리징, 흘려보내기를 가르치는 유명한 곳이 있는데 '세도나 메서드'를 알려줍니다. 무조건 끌어당기는 것이 아닌, 내 안의 모든 것을 놓아버림으로써 원하는 것과 유인력을 일체화시키는 것에 대해 소개하고 있습니다. 그 시작은 바로 레스터 레븐슨으로부터였습니다.

그의 일화는 『세도나 마음혁명』이라는 책에 잘 소개가 되어 있습니다. 그는 40대에 심장병으로 3개월의 시한부 선고를 받았습니다. 그러나 절망에 허우적대는 것이 아닌 자신을 탐색하는 시간을 가졌습니다. 그래서 3개월 후 사망이 아닌, 모든 것으로부터 해방이 되었습니다. 당연히 자신을 위협하는 심장병에서도 벗어났습니다. 그리고 무일푼에서 빠른 시간 동안에 억 단위의 돈을 벌어들이는가 하면 뉴욕에 아파트를 수십 채도 넘게 가지기도 했습니다. 그리고 자신이 원하는 것은 바로 가질 수 있는 경지에 이르렀습니다. 정말 기적 같은 일화만이 가득했습니다.

사실 저 또한 레스터 레븐슨의 일화를 보며 집중한 것은 그가 벌어들인

돈이었습니다. 그러나 우리가 중요하게 생각해야 할 것은 돈을 버는 것이 아닌, 내 안에 모든 것을 놓아버리고 흘려보내는 것입니다. 이것은 바로 내 안의 신성과 일치하는 상태를 말합니다.

그는 네빌 고다드와 더불어 서양의 유인력의 법칙의 바탕을 마련했습니다. 의식혁명으로 유명한 데이비드 호킨스 박사도 그의 제자입니다. 내 안에 집착, 트라우마가 가득하다면 그의 기법을 이용해 흘려보내는 것도 좋습니다.

흘려보내기는 동양적인 관점에서 보면 '관조'와 비슷합니다. 나를 이입해서 보는 것이 아닌 한 발자국 떨어져서 제 3자의 입장에서 관찰하는 것입니다. 우리는 본인의 입장이 아닌 훈수를 두는 제 3자의 입장에서 보다 명확한 문제와 해결점을 찾습니다. 1인칭의 눈으로는 결코 찾을 수 없는 문제를 3인칭은 정확하게 알죠. 하지만 이것은 무작정 되는 것이 아닙니다. 많은 노력도 필요하지만, 무엇보다도 중요한 것은 자기 사랑이 선행되어야 한다는 것입니다. 나를 사랑하지 않으면 포용할 수 있는 마음 또한 생기지 않습니다. 나를 포용할 수 있고 타인을 관용적으로 바라보는 유한 마음이 생겨야 합니다. 그러면 비로소 흘려보내기를 할 수 있는 토대가 마련됩니다.

사실 우리가 느끼는 안 좋은 감정들과 좋은 감정들은 나에게 깊이 이입이 되었을 때 생기는 것입니다. 내가 감정을 느끼는 것은 좋은 일입니다.

나를 정확하게 알기 때문이죠. 그러나 그 감정에 지나치게 휘둘리면 내가 감정을 느끼는 것이 아니라 감정이 나를 지배하게 됩니다. 나는 감정의 노예가 됩니다. 그렇기 때문에 한 발자국 떨어져서 내 감정을 바라봐야 합니다. 그러면 내 감정에 대해서도 정확히 알게 되고, 나에게 스쳐 지나가는 모든 생각들도 한 발자국 떨어져서 보게 됩니다. 그제야 나를 정확하게 파악하게 되는 거죠. 나를 파악하면 나를 조종할 수 있게 됩니다. 내 인생을 비로소 내가 조작할 수 있게 되죠.

지금이 힘들어요? 한 발자국만 떨어지세요. 그리고 힘든 나를 보세요. 힘든 나를 3자의 입장에서 지켜보세요. 그 감정을 보세요. 나의 생각을 흘려보세요. 감정을 다스리는 나를 보게 될 것이고 내가 절망처럼 느꼈던 대부분이 별것 아닌 것으로 느껴질 것입니다. 그리고 깨달음이 찾아오게 될 것입니다.

기적을 현실로 만드는 생각의 힘

POWER OF THINKING

4장

인생을
역전시키는
5 가지 법칙

1
명상으로 비우고
긍정하기

걱정을 해서 걱정이 없어지면 걱정이 없겠네.

—티베트 속담

나를 바꾸는 기본 바탕을 만들어야 한다

나는 부정적인 사람이었다. 나는 특출나게 잘난 것도 없고, 항상 사고만 쳤다. 그러다 보니 나를 바라보는 주변 사람들의 시선에는 한심함이 가득했고, 신뢰감이 없었다. 그리고 나는 나에 대한 믿음이 없었다. 나 자신을 뒤돌아보게 되었고, 나의 감정이 어디서 오게 되었는지 탐색하게 되었다. 물론, 여전히 나에 대해서도 정확히 아는 것은 아니다. 그러나 내가 처음 나를 탐색할 때와 비교하면 많은 것을 발견하게 되었다.

나의 부정의 감정은 내 어린 시절부터 시작되었다. 나는 외동이었으나 소극적이었고 무모했다. 처음 태어난 아이나 마찬가지여서 예쁨을 받았다. 그리고 민감했고 이기적이었다. 그래서 남들이 크게 소리를 지르거나 나를 거부하면 그것이 싫었고, 위축이 됐다. 기대도 많이 받았으나 나는 그것을 감당할 역량이 안됐다. 부모님을 사랑했으나 그것과는 반대로 부모님이 두려웠다. 내 부모님께서 결코 무서운 분은 아니었으나 나는 예민했다. 사소한 것에도 무엇이든 두려웠던 나는 나의 두려움을 숨겼다. 또 소심했기에 성실하게 무언가를 했으나 효율은 극히 없었다. 당연히 성과는 없었고 나의 자괴감은 더욱 심해졌다. 나는 스스로를 싫어했다. 이런 내가 하는 일이 당연히 잘될 리가 없었다. 나는 하는 것마다 성공하는 것이 없었다. 호기심이 많았지만 대부분은 억눌렀으나, 한 번씩 억누르지 못한 호기심은 나를 나락으로 끌어내렸다. 나는 총체적 구제 불능이었다.

내가 이런 나를 고치기 위해 시작한 것은 책 읽기와 명상이었다. 에스더 힉스, 나폴레옹 힐 등. 그 과정에서 내 감정이 질투, 자괴감, 수치심과 같은 부정적인 감정이었음을 발견했다. 부정적 감정은 누구에게나 있다. 순간적으로 지나가는 경우도 있으나 대부분은 부정에 갇혀 산다. 특히 요즘의 현실은 어렵기 때문에 다들 "힘들어!"를 외친다. 그런 감정은 또 다시 악순환을 만들게 된다. 내 안의 부정적 감정을 깨닫고 난 후, 나는 내 마음을 교정하기 시작했다. 사실 너무나도 힘들었다. 즐거운 것이 없는데 대체 어디서 긍정을 찾는단 말인가! 맞는 말이다. 그래서 긍정을 내 안에 탑재하기 위한 여행은 생각보다 힘들었다. 감정은 나를 정확하게 파악해주는 이정표와 같다. 그래서 내가 어떠한 감정이 든다면 그것은 현재의

기적을 현실로 만드는 생각의 힘

내 상태가 이렇다는 것을 알려주게 된다.

나는 항상 내 안에 불안을 가득 담고 있었다. 그 이유는 다양했다. 재정적인 문제, 그것을 해소하기 위한 거짓말, 이런 것들이 반복이 되었다. 이러한 나의 상황은 나를 다시 나락으로 끌었다. 그러나 긍정 언어로 순회하면 이것은 깔끔하게 사라진다. 긍정은 모든 기적의 바탕이다. 우리 대부분은 메마른 대지에 있는 것과 같다. 씨를 뿌리기 전에는 땅을 다듬고 비료를 줘야 하는데 긍정은 바로 땅을 고르는 작업을 하는 것과 같다. 긍정이라는 곳에서 꿈은 싹트기 시작한다. 책은 이 바탕을 마련해주는 좋은 비료나 마찬가지다. 불모지도 비옥한 땅으로 만들어주는 요건 중 하나다. 동기부여가 되는 긍정적인 책을 읽어라. 그 어떤 부정적인 사람이라도 마음속에 '혹시 나도?'라는 희망이 조금씩 움트게 된다. 이럴 때 계속해서 내 의식을 올려줄 책을 읽어야 한다. 그래야 보다 시너지를 얻게 된다.

내가 긍정에 대해 진지하게 고민하고 있을 때였다. 만사가 부정적이고 삐딱하게 바라보는 반골 기질을 가진 나는 이것이 매우 힘들었다. 대체 어떻게 해야 긍정적인지 몰랐다. 그래서 나는 하루에 한 가지씩만 긍정적인 면을 찾고 느껴보기로 했다. 막막했다. 대체 어디서 찾아야 한단 말인가. 나는 모든 것이 싫었고, 짜증이 났다. 『시크릿』을 보면 하루를 시작할 때 즐겁게 시작하라고 나온다. 아침잠이 많은 나에게 이것은 짜증의 시작이었다.

'그래! 이것부터 해보자.'

결과는 당당하게 몇 시간 만에 꺾였다. 한순간에 그렇게 싫은 아침이 좋아질 리가 없었다.

우선 내가 그나마 재미있어 하는 것에 감사를 느끼기로 했다. 나는 판타지 소설을 좋아하는데 우울할 때는 항상 이것들을 보며 현실 도피를 했다. 그래서 이것에 초점을 맞추기로 했다.

'이렇게 재미있는 소설을 알게 돼서 너무 좋아.'

이것이 포인트였다. 갑자기 긍정의 토대를 마련하라고 하면 이것은 뜬구름 잡는 소리다. 사람은 경험의 동물이다. 내가 겪어보지 못한 것은 시작하는 것이 매우 어렵다. 바쁘고 각박하고 경쟁에 치이는 현대인들은 매사가 초조하고 부정적인 감정을 지니고 산다. 갑자기 '즐겁게 살아야해.', '긍정적인 마음을 가져!' 이렇게 외쳐봤자 공허한 메아리만 될 뿐이다. 단한 개라도 자신이 즐겨하는 것이 있다면 그것에 긍정적인 마음을 가져야한다. '재미있어!', '즐거워!', '행복해!' 이런 감정들 말이다. 여기서 주의해야 할 점은 중독성 있는 것에 이런 감정을 느끼는 것은 안 된다. 행위 중독, 물질 중독의 시작이 되기 때문이다.

그 후로 나는 하나하나 재미있는 것을 찾기 시작했다. 맛있는 반찬이

기적을 현실로 만드는 생각의 힘

나오면 '이것은 내가 좋아하는 반찬! 너무 맛있어!' 솔직히 억지 감탄도 했다. 그러나 나를 지속적으로 속이다 보면 어느새 가랑비에 옷이 젖듯이 감정이 변하게 된다. 조금 더 밝게 보이는 것이다. 하지만 이것은 어디까지나 익숙하지 않은 사람들의 임시적 방편에 속한다. 진짜로 내가 현실에 기적을 이루는 토대를 마련하려면 명상을 통해 긍정의 바탕을 만들어야 한다.

나를 비우는 방법이란?

요즘 유튜브에 '명상'을 치면 풍요를 위한 명상, 건강을 위한 명상, 사랑을 위한 명상 등 각각의 테마를 가진 명상이 나오고 있다. 사실 이것은 명상이라기보다는 확언에 속한다. 명상은 나를 비우는 연습이다. 우리가 무언가를 채우려면 그릇은 비워져야 한다. 그리고 많이 채우려면 그릇 또한 커져야 한다. 명상은 그릇을 비우고 그릇을 다듬어서 크기를 키우는 훈련이다. 그리고 명상을 통해서 나를 찾아가는 여행을 할 수 있다.

에너지는 누적이 되어야 큰 힘을 발휘한다. 명상은 그 에너지를 담는 그릇을 만들고 에너지를 그 그릇에 넣어주는 동력원이다. 처음 명상을 하다 보면 동력은 길이 들지 않아서 느리고 효율이 좋지 않다. 하지만 모든 것이 그렇듯 길이 들면 그때부터는 빠르게 움직인다. 명상은 '멍 때리기'와 다르다. 내 안의 거대한 에너지를 끊임없이 돌리는 명상이라는 동력은 내 깊은 무의식마저 자극을 한다. 마치 약한 드릴은 벽도 뚫지 못하지만 강한 드릴은 땅도 뚫어버리는 것처럼 말이다. 훈련이 될수록 표층의식을 뚫고 무의식으로 들어간다. 이때 확언과 함께 가면 효과는 극대화된다.

　나는 명상을 오래 했다. 그러나 실제적으로 제대로 한 것은 30대가 넘어서다. 그 전에는 여러 명상법을 접했고, 세계의 유명한 명상법들을 배우기만 했다. 원네스, 레이키, 단전호흡, 주문 수련, 화두, 묵주 기도 등등. 그들 모두를 완벽하게 하는 것이 아니다. 그저 나는 방황했던 것이다. 이에 대해 공부를 할수록 나는 결국은 다 하나로 통한다는 것을 알았다. 모두 나를 찾고, 우주와 하나 됨을 느끼는 것이다. 내가 우주와 일치하면 무언가를 하거나 얻으려고 애쓰지 않아도 저절로 된다는 것을 알려주었다.

　또 명상을 하다 보면 자신이 긍정적으로 변해가는 것을 알 수 있었다. 긍정은 멀리 있지 않았다. 그것은 파랑새와 같다. 나는 멀리서 좋은 것을 찾으려 했지만 그것은 착각이었다. 내 주변에는 얼마든지 좋은 것들이 널려 있고, 나는 그것을 누릴 권리를 가졌다. 큰 것에 욕심내지 말자. 작은 것부터 차근히 시작해야 한다. 가랑비에 옷 젖듯이 해야 한다. 천 리 길도 한 걸음부터다. 긍정과 명상은 내가 원하는 것을 가지는 첫 걸음이다.

"나의 새로운 세상은 나의 새로운 생각의 거울이다."

생각하는 대로 미래가 나타납니다. 그러나 그 미래는 내 내면의 거울입니다. 내가 생각하고 행동하는 만큼 그대로 나타납니다. 내 거울을 항상 점검하세요. 내가 무슨 생각을 하는지, 현재 어떤 행동을 하는지 되짚어보세요. 그것은 바로 당신의 미래를 나타냅니다.

2
감정과 생각
정화하기

당신 스스로가 하지 않으면 아무도 당신의 운명을 개선시켜 주지 않을 것이다.

– 베르톨트 브레히트(독일의 시인)

하와이안 만트라가 나를 치유한다고?

'정화'라고 하면 무엇이 떠오르는가? 보통은 깨끗하게 만드는 것이라 생각한다. 더러운 것을 깨끗하게 만들고 순화시키는 것이다. 우리의 생각도 정화를 할 수 있다. 정화를 시키면 좋은 점이 무엇일까? 명상처럼 나를 비울 수 있다. 나의 에너지를 조금 더 정돈할 수 있다.

이것으로 유명한 것은 '호오포노포노'가 있다. 호오포노포노(이하 호포)는 '감사합니다. 사랑합니다. 용서하세요. 미안합니다.' 이 네 가지로 생각을 정화하는 것이다. 생각을 정화한다는 것은 내가 몰랐거나 미뤄둔 감정의 찌꺼기가 올라오는 것이다. 감정을 정화하는 것은 매우 중요하다. 사람은 감정적인 존재다. 내 감정은 나도 모르는 사이에 깊숙한 무의식에

기적을 현실로 만드는 생각의 힘

침잠되어 나를 지배한다. 예를 들어서 매우 어려서 기억도 안 나는 시절 개에게 물렸다고 보자. 그때 당시의 기억은 공포감일 것이다. 그 후에 개만 보면 몸이 떨리고 공포심이 떠오를 것이다. 그것은 기억과 관계가 없다. 무의식이 감정에 각인이 되는 것이다. 이러한 나도 모르는 깊은 감정을 지우는 것이 정화다.

인간관계가 어려웠던 시절의 나는 많은 곳에 가면 미친 듯이 가슴이 뛰었다. 사람들을 보는 것이 무서웠기 때문이다. 발표하는 것도 어찌나 무서운지 손과 발이 덜덜 떨렸고, 말도 사정없이 더듬었다. 얼굴이 경직이 된 것은 말할 것도 없다. 나는 호포를 접한 이후 꾸준히 했다. 특히 안 좋은 감정이 들 때마다 했다. 그리고 발표 시작 전 많은 사람들을 만나기 전에도 했다. 호포를 할 때마다 온갖 감정도 같이 올라왔고, 공포심은 극대화되었다. 그러나 그 후에는 감정이 조금씩 흘러가는 느낌이 들었다. 신기했다. 마치 시내가 흘러가는 기분이었다. 그 후로 나는 감정으로 힘들 때마다 호포를 했다. 도저히 용서할 수 없는 나도 구제가 되는 기분이 들었기 때문이다. 그래서 나는 감당하기 힘든 일이 생기기 전에 호포를 해서 내 마음을 진정시킨다.

나는 항상 부정적인 생각으로 가득 차 있었기 때문에 정화는 늘상 따라붙어야 했다. 그러다 보니 오컬트적인 정화도 해본 적이 있었다. 결론은 소용이 없었다. 모든 것은 내 마음자리에 있는 것이다. 주술적인 것으로 정화를 하느니 굿을 하느니 이것조차 내 마음에서 비롯된 것이다. 내가 강력하게 내 마음을 다스리고 정화하고자 한다면 그것은 그대로 된다. 다만 내 스스로 강력하게 원해서 해야 한다.

그럼 호포도 내 마음자리에서 오는 것이 아니냐고? 맞다. 그런데 호포를 조금 다르게 보는 이유는 그 네 단어 때문이다. 네 가지 단어 '사랑합니다, 감사합니다, 용서하세요, 미안합니다.'는 오랜 시간동안 사람들이 의미 있게 써왔기 때문에 언어에 힘이 실려 있다. 유사 과학이라고 비웃을지도 모르지만 오래 써온 말과 글에는 그에 해당하는 에너지가 속해 있다. 긍정적인 언어를 지속적으로 써온 사람과 부정적인 말을 쓰는 사람은 에너지가 다르다. 그러니 호포의 그 네 단어의 에너지는 얼마나 다를까?

우리가 바깥에 나갔다 오면 샤워를 하고 몸을 깨끗이 한다. 그런데 왜 정작 내 감정과 생각은 그렇게 하지 않을까? 바깥에서 겪은 수많은 감정의 찌꺼기는 내가 알지도 못하는 깊은 곳에 잠겨 있다. 이곳조차 청소하는 것이 정화다. 네 단어를 중얼거리는 것이 그렇게 어려운 것이 아닐 것이다. 해야 한다. 몸을 씻듯이 내 마음과 감정도 씻어야 한다. 그래야 내가 바라는 명확한 것을 바라볼 수 있게 된다.

나도 몰랐던 감정이 있다

나는 부모님께 차마 못할 정도의 못난 딸이다. 이런 내 죄의식은 계속해서 나를 괴롭혔다. 나는 정말 사고만 치는 딸이었고, 무엇 하나 제대로

기적을 현실로 만드는 생각의 힘

해내는 것이 없었다. 부모님은 아마 남들에게 내 이야기를 하기 부끄러울 것이었다. 늘상 짊어진 죄책감은 항상 나를 짓눌렀다. 나는 나를 도저히 사랑할 수 없었고, 용서할 수 없었다. 당연히 감사가 생길 리가 없었다. 남에게는 온통 미안할 뿐이었으며, 스스로에겐 계속해서 굴레를 씌워서 벌을 주었다. 그러나 내게 필요한 것은 자신에게 주는 용서와 미안함이었다. 그리고 사랑을 느껴야 했으며 나 나름대로 힘들었음에 대해서 견뎠음에 감사해야 했다. 마음고생으로 가장 힘든 것은 나인데 누구에게도 위로받지 못하면 얼마나 슬프겠는가? 나 자신은 스스로에 받는 외면도 매우 힘들어한다. 아니, 그것을 가장 힘들어한다. 제일 힘들었던 부분이었다.

지금도 정화는 힘들다. 정화를 할 때마다 수없는 죄책감이 올라왔다. 이 세상에 왜 사는지 모르겠는 자책감이 절로 들었다. 이럴 때는 호포로는 해결이 되질 않았다. 너무나도 어두운 의식이기 때문이다. 그래서 나는 명상을 택했다. 명상을 통해 나를 관찰하는 것은 정말 필요했다. 끊임없이 답을 구했다. 대체 나는 왜 이 모양인지, 남들처럼 부모님께 제대로 된 기대를 안겨드릴 수 없는지, 왜 난 자랑스러운 딸이 되질 못하는지. 질문할 거리는 차고 넘쳤다. 그리고 그 질문은 자해와 같았다. 정화이기보다는 징벌이었다. 그럼에도 했어야 했다. 나는 답을 구해야 했기 때문이다. 질문을 하고 답을 구하는 동안 나는 굉장한 고통에 시달렸다. 그 사색은 비참할 정도였다. 지금도 답을 얻는 과정이긴 하다. 그러나 어느 정도는 깨달았다. 덕분에 나는 거의 대부분의 욕망을 조절하게 되었고, 한두

가지의 조절만 하면 될 정도가 되었다. 욕망의 조절에는 다른 것이 필요하지 않다. 내가 가진 것을 바로 쳐다봐야 한다. 그것을 '관조'라고 한다. 내가 썼던 방법은 질문과 더불어서 내 의식을 점점 위로 띄우고 시선을 내려 나를 보는 방법을 사용했다. 내 시야가 높고 넓어질수록 나는 보다 다른 것을 느낄 수 있게 되고 답을 얻는 게 수월해진다.

마지막으로 생각을 정리해야 한다. 생각을 정리하는 게 무슨 정화냐고 그럴지도 모르겠다. 정리정돈은 정화의 가장 기본이다. 어지럽게 널려 있는 내 생각을 사색해야 한다. 그래야 내가 기본적으로 가지고 있는 마인드가 무엇인지 그 방향을 알 수 있다. 내가 오늘 하루는 부정적인 생각을 했는지, 긍정적인 생각을 더 많이 했는지를 봐야 한다. 일종의 감정일기와 같다. 그래서 나는 하루 30분은 기본으로 생각 정리를 한다. 그래서 내 감정 온도를 측정한다. 이것은 내가 매일 주시하고 있는 감정을 체크함으로써 내가 지금 제대로 원하는 방향으로 운전하고 있는지 알 수 있는 나침반처럼 작용하기 때문이다.

무엇을 행하든지 내 감정과 마음 생각을 정리하는 것은 가장 기본으로 행해져야 한다. 이것은 내 생각을 보다 명확하게 알려주고 바라는 바 또한 정확한 윤곽을 드러내게 해준다. 내 생각의 안테나를 바로 세우고 주파수를 맞추게 되는 과정인 것이다.

우리는 에너지로 이루어져 있다. 우리뿐만 아닌 이 세상 우주 전체가

기적을 현실로 만드는 생각의 힘

에너지 투성이다. 이 혼잡한 에너지는 비슷한 것끼리 끌어당기는 성질을 가지고 있다. 이것을 우리는 유인력의 법칙이라고 하며 우리나라에서는 주로 시크릿이라 한다. 이런 법칙으로 인하여 혼잡한 에너지 세상에서 올바른 주파수를 맞추면 내가 원하는 방향으로 삶을 이끌어나가게 되는 것이다. 반면에 엉뚱한 주파수를 맞추면 배가 산으로 가듯 엉뚱한 곳으로 향하게 된다. 그래서 마치 물고기에 맞는 미끼를 물어서 낚시를 하는 것처럼 해야 한다. 내 삶의 주체는 내가 되어야 하는데 나의 생각을 다듬지 못해서 애먼 곳으로 가면 어떻겠는가. 속상하게 끝나면 다행이지만 잘못하다가는 낭떠러지로 갈 수도 있는 것이다.

내 방의 주인이 내가 되어야 원하는 것을 찾을 수 있다. 마찬가지로 내 인생의 주인이 되려면 생각과 감정을 정화해야 한다. 보다 내가 원하는 방향을 위해, 내가 원하는 것을 얻기 위해 주인이 되는 과정인 것이다.

"나는 나에게 걸맞지 않은 것들을 흘려보낸다."

나에게 최고의 것을 안겨주고 싶어 하는 것, 모두가 바라는 것입니다. 그럼 나에게 걸맞지 않는 것이란 무엇일까요? 좋지 않은 것들이죠. 이것들은 나에게 많은 부담을 안겨줍니다. 돈, 사랑, 직업, 건강 등 많은 걱정거리들이 있습니다. 결코 자연스럽지 않은 감정이며 부정적인 영향을 미치게 됩니다. 이제 이것들을 인식하고 자연스럽게 떠나보내세요. 나에게 걸맞지 않은 것들을 흘려보내면 걸맞는 것이 그 자리를 차지하게 될 겁니다.

3
세상 모든 것에
감사하기

행복으로 가는 길은 없다. 행복이 곧 길이다.

– 석가모니 (불교의 창시자)

세상에는 고마운 일 천지다

나는 출근할 때 매일 감사를 한다. 30~40분을 말하는 것이다. 퇴근할 때도 비슷하게 하니 평균을 내보면 하루에 1,000개 전후로 하는 것 같다. 나는 감사하기를 하면서 정말 신기한 경험을 많이 하게 되었다. 먹을 것을 선물 받거나 주차 자리 확보는 이제 신기한 축에도 끼지 않았다. 예기치 않은 돈을 얻는다든가, 복권을 샀을 때 4~5등은 기본으로 된다든가 하는 경험도 있었다. 맹장 수술을 받은 다음에는 가끔 호흡이 안 좋아서 흐트러진 적이 많은데, 이때에도 감사를 하면 한결 숨이 편해지는 것을 느꼈다. 간혹 큰 교통사고가 날 뻔한 것도 감사하기를 통해 모면한 적도 많았다.

나는 감사하기로 많은 것을 얻고 내 마음의 평안을 얻었기에 주변 사람들에게 자주 추천하곤 한다. 그러면 그들 대부분 비슷한 반응을 보인다.

"누가 그걸 몰라? 감사하기 좋지. 그런데 그것만 해서는 바뀌는 것이 없잖아."

시도조차 하지 않는 것이다. 물론 처음에는 감사를 해도 바로 결과가 나오지 않는다. 그들은 이미 부정적인 마인드로 가득 차 있는 상황이다. 변화를 바란다면 부정적인 것을 걷어내고 감사를 채워야 한다. 그릇을 비워야 감사 에너지가 채워지기 때문이다. 그래서 나는 그들에게 이렇게 말하곤 한다.

"그것에도 감사하세요. 더 나빠질 것을 현상 유지하게 해주니까요."

감사는 내 주파수를 높게 유지하는 가장 좋은 방법이다. 감사를 처음 할 때는 사실 아무 생각이 들지 않는다. 하다 보면 이게 뭐 하는 짓인가 싶기도 하다. 그래서 감사하기를 해보라고 하면 사람들은 세 분류로 나뉜다. 감사하기조차 시행하지 않는 사람, 감사하기를 하다가 아무 감정이 나타나지 않는다고 또는 표면적으로 드러나는 것이 없다고 그만두는 사람, 마지막으로 어찌되었든 계속 해보자는 사람이 있다. 나는 마지막 부

기적을 현실로 만드는 생각의 힘

류에 속했다.

감사하기는 메마른 땅에 촉촉한 단비를 주는 것과 같다. 평소에 긍정적인 마인드를 가진 사람은 보다 감사의 싹이 빠르게 피어난다. 그 바탕이 되어 있기 때문이다.

나는 사실 매우 많은 사고를 치고 다니는 골칫덩어리다. 그러다 보니 뒷수습을 해주는 주변인들이 많았다. 잘못을 하지 않는 것이 제일 중요하지만, 이미 벌어진 것은 빠르게 수습해야 한다고 생각한다. 그러다 보면 혼자 수습하기 힘이 들 때 많은 사람들이 도와주고, 특히 가족들이 지지해주면 정말 가슴이 감사함으로 차오르는 것을 깊게 느낀다. 항상 나의 표정이 무표정하고 무슨 생각을 하는지 모르겠다고 하는 경우가 많다. 그러나 내 감정은 항상 감사를 가지고 있고, 그것을 표현하려 애쓴다. 항상 그들을 위해 감사의 기도를 하고 감사하기를 중얼거린다.

"너무 감사합니다. 감사합니다. 또 감사합니다."

이런 식으로 계속해서 이야기한다.

감사하기는 항상 일상에 소소한 기적을 준다. 일단 내 주파수를 높게 유지시켜 준다. 높은 주파수를 유지하면 내가 내보내는 에너지, 받는 에너지 모든 것을 비슷하게 유지하게 된다. 에너지는 항상 옮겨 다닌다. 내가 항상 감사의 에너지를 가지고 유지하면 그것 또한 주변 사람들에게 전파된다. 그러다 보면 내 주변 사람들 또한 감사의 에너지를 가지게 된다. 그런 사람들끼리 모이게 된다. 에너지는 모여지면 더욱 커지고 서로 다시 영향을 받게 되는 선순환이 된다.

감사는 불평의 늪을 빠져나가게 할 동아줄이다

나는 항상 기분이 오락가락했다. 언제나 기분은 항상 롤러코스터였다. 긍정적이고 감사하는 날이 있는가 하면 어느 때는 불평불만이 가득했다. 감사하기를 하다 보면 '파이팅' 감정이 샘솟았다. 그럴 때는 정말 좋은 일들만 생겼다. 그러다가 부정적인 감정에 빠지다 보면 자괴감에 끊임없이 자기 비하를 했다. 끊임없이 찾아오는 소소한 불편과 불행은 나를 더 기분 나쁘게 했다. 이것 또한 전파가 된다. 대부분 사람들은 신기한 것이 사람들끼리 모여 불행에 대해 이야기를 하다 보면 누가 더 불행한가에 대해 경쟁을 한다는 것이다.

"내가 더 힘들어!"

서로 이렇게 말하면서 점점 더 큰 불행 에너지가 모이게 된다. 그리고 내가 가지고 있던 불평불만은 더욱 커지게 되고, 알아차리지 못했던 부정적인 면도 발견하게 된다. 이렇게 악순환이 된다.

기적을 현실로 만드는 생각의 힘

감사를 하다 보면 스스로에 대해 감사를 하게 된다. 그것이 자기 사랑이다. 나는 항상 자기 사랑을 이야기했고 사랑한다고 되뇌었지만, 사실은 사랑하지 않았다. 감사는 스스로에 대해 점검하도록 도와준다. 그리고 내가 모르는 장점을 찾아준다. 감사하기를 하다 보면 저점에 있는 감정온도계를 상승시켜준다. 나를 열정으로 뜨겁게 달아오르게 만든다.

나는 감사하기를 통해 여유를 얻었다. 이것으로 좋은 평판도 들었다. 성격도 많이 순화되어 예전에 비할 수가 없다는 평가도 받았다. 자신감도 생겼다. 감사하기는 이렇듯 긍정적인 면이 가득하다. 스스로만 바뀐 것이 아니다. 다른 사람을 바라보는 시선도 달라졌다. 싫어하는 사람이라도 긍정적인 면을 찾아서 수긍했다. 그 사람을 위해 감사를 했다. 너무 싫더라도 이유 없이 감사를 되뇌었다. 어느 순간부터 사람들도 내게 대하는 것이 달라졌다. 감사는 스스로의 격을 높이는 효과적인 수단이다. 내가 나를 대우하니 외부에서도 대우를 해주는 것이다.

내 주변의 불평이 많은 지인 이야기를 한 적이 있다. 그 지인은 정말 입만 열면 불평을 쏟아냈다. 그럴 때마다 나는 그에게 이야기를 했다.

"그 정도에서 끝난 것에 감사하세요."
"아니, 왜 그런 소리를 해요? 이게 좋은 거라고요?"

지인은 내가 이런 말을 할 때마다 정색했다.

"네. 당신이 상상도 할 수 없을 만큼 나빠질 수도 있는 걸 여기서 끝나게 해줬잖아요."

그 지인은 진심으로 짜증냈다. 그 지인이 왜 짜증을 내는지는 알았다. 그렇지만 나도 그 지인이 상상도 할 수 없는 어려운 상황에서도 감사했다. '여기서 끝나게 해주셔서 감사합니다.' 그러면 상황은 얼마 지나지 않아 빠르게 회복된다. 회복이 안 되더라도 전체적인 것이 정리가 된다. 이것조차 하지 않으면 내 마음속은 부정적인 생각으로 가득 차서 엉망진창이 되었을 것이다.

도저히 말로 감사가 되지 않는다면 써보라. 글로 쓰는 감사일기도 꽤 도움이 된다. 글은 나를 정리해주는 효과적인 수단이며 나의 6가지 감각을 자극시켜준다. 음악도 도움이 된다. 신나고 긍정적인 가사, 열정을 돋우는 음악을 틀어서 들으면 나도 모르게 흥겨워진다. 예술은 기분을 빠르게 상승시켜주고 즐거움을 주기 때문에 쉽게 감사에 대한 생각이 든다.

내 생각을 전환시켜야 한다. 말을 하든, 음악을 듣든, 글을 쓰든 어떠한 행동을 해서 바꿔야 한다. 이대로 불평불만만 쏟아내면 바뀌는 것이 있는가? 있는 것에 감사해야 한다. 내가 가진 것에 감사할 줄 알아야 한다. 그래야 작은 감사는 큰 감사가 되어 돌아온다. 미래는 현재의 연장선

기적을 현실로 만드는 생각의 힘

상이다. 현재를 감사하며 즐겁게 살아야지 미래도 그렇게 된다. 무책임하고 방탕하게 즐기라는 말이 아니다. 현재에 충실하면서 진심으로 하나하나 감사를 느껴야 한다. 그리고 그 감사를 미래로 확대시켜야 한다. 현재에 대한 감사가 있어야 미래에 대한 감사 확신이 선다. 현재로부터 미래가 시작이 되기 때문이다.

● **기적을 일으키는 한마디** ———————

"나는 마음의 문을 열고 기꺼이 변화한다."

나는 내 자신에게도 마음의 문을 닫고 있는 경우가 많습니다. 택배를 주문했는데 문이 닫혀 있고 심지어 철책도 두르고 있으면 과연 내게 도달할 수 있을까요? 당연히 올 수 없습니다. 택배를 기다리는 마음으로 마음의 문을 열고, 선물 받은 택배로 나를 변화시킨다고 생각하세요. 개방적이어야 무엇이든 받아들일 수 있습니다.

"삶의 의미를 찾는 배우가 되다"
– 안젤리나 졸리

1살 때, 아버지에게 버림받았으며 어머니와 아파트 사무실에서 살아야 했던 소녀. 11살 때, 말랐다는 이유로 왕따를 당했으며 3년 동안 학교에서 상당한 폭행을 당했고 결국은 자퇴를 해야만 했던 소녀가 있습니다. 마음의 상처를 깊게 입었기에 더더욱 자신을 괴롭히려고 칼로 자해하기 시작했습니다. 우울증에 시달렸습니다. 어떻게든 살아보려고 모델에 지원했지만 우울해 보인다며 퇴짜 맞았죠. 이번엔 연기를 해봤지만 흥행 실패, 어디서도 받아주지 않았습니다. 19살, 심한 우울증으로 마약을 했고 자살 시도를 두 번이나 했습니다. 끊임없이 삶의 이유를 찾아 자기 자신을 돌아봤고 마약 중독자로서 어느 영화에 캐스팅되었습니다. 다행히 영화는 잘되어 여우조연상을 받았고 그때부터 승승장구하기 시작했습니다. 그녀는 안젤리나 졸리입니다.

그럼에도 불구하고 그녀가 찾는 삶의 이유는 어디에도 없었습니다. 그러던 중 〈툼 레이더〉 촬영지에서 캄보디아 내전을 보았고, 그 전쟁의 참상을 깨달았습니다. 자신의 우울 따위는 전쟁의 참화에 부모를 잃은 아이들에 비할 바가 아니라는 것을 반성했습니다. 그곳에서 한 아이를 입양하고 엄마로서 살기로 결심했습니다.

"나 자신을 파괴하는 엄마가 되지 않겠다."

그녀는 자신을 엄마로 규정하며 아이들을 위해 헌신하기로 결심합니다. 자신을 보다 애정하고 아이들을 챙기기로 한 것이죠. 그 후 그녀는 UN 친선대사로 활동하는 등 난민과 같이 가족들을 잃은 슬픔을 가진 사람들을 돕기로 합니다.

그리고 신기한 일이 생겼는데 그녀가 다른 사람들을 돕기 시작하자 그녀 자신을 괴롭히던 것에서 벗어나 스스로 치유되기 시작했습니다. 자신을 사랑하는 법을 알게 되었습니다. 안젤리나 졸리는 그때 깨달았습니다.

"아! 나는 다른 이들을 돕기 위해 살고 있는 것이구나!"

그제서야 자신이 이 삶을 살아가는 이유에 대한 답을 찾았다는 것을 알게 되었습니다. 그녀가 삶의 목적을 찾자 봉사 활동과 입양은 더욱 적극적으로 이루어졌습니다.

삶은 목적이 있어야 합니다. 목적이 없는 삶은 풍랑 속에 놓여 있는 조각배와 같습니다. 그저 허무하게 떠돌기만 할 뿐입니다. 그러나 목적이 있는 삶을 살게 된다면 세상을 헤쳐나갈 수 있는 힘을 가지게 될 것이며 꿈을 더 쉽게 이룰 수 있게 됩니다. 목적은 생각을 하게 만듭니다. 사람은 사는 대로 생각하는 동물이 아니라 생각하는 대로 살게 되는 지성입니다. 나의 목적은 무엇인가요? 내가 이 세상에 태어난 이유에 대해 한 번쯤 떠올린 적이 있나요?

기적을 현실로 만드는 생각의 힘

4

강하게 원하고 믿고 확언하기

나는 날마다, 모든 면에서, 점점 더 좋아지고 있다.
— 에밀 쿠에(프랑스의 약사이자 자기암시가)

자기 신뢰를 형성해야 한다고?

『시크릿』이라는 책이 있다. 유인력의 법칙, 마음 공부를 하는 사람들에게 이 책은 결코 낯선 것이 아니다. 이 책은 2008년 한국에 엄청난 돌풍을 일으켰다. 나도 처음 이것을 통해서 마음의 혁명을 겪었다. 나는 매사에 부정적이었고, 흔히 말하는 반골이었다. 그리고 스스로를 신뢰하지 않았다. 하지만 이 책을 시작으로 읽게 된 책들은 나의 의식을 일으켰고, 자신을 믿고 우주에 나의 에너지를 보내고 나에게 에너지를 받는 것을 알았다. 나를 사랑하는 법을 알았다. 나를 바꾸어서 주변을 다르게 보는 법을 알았다.

이제까지의 나는 서서히 지워졌다. 어느 순간 갑자기 바뀌었다면 거짓말일 것이다. 그러나 나는 나에 대해 신뢰를 가지려고 끊임없이 노력을 했다. 기본적인 자기 신뢰가 전혀 없는 상태에서 신뢰를 가지는 것은 어려웠다. 자기 신뢰라는 것은 갑자기 생기는 것이 아니다. 우선 나를 무조건적으로 사랑해야 한다. 부모라도 자식을 무조건적으로 사랑할 수 없다. 그러나 나는 나를 조건 없이 사랑할 수 있다. 끊임없이 "근영아, 사랑한다."를 외쳤다. "사랑한다, 사랑한다, 사랑한다." 정말 처음에는 아무 생각이 없고 우습기까지 하다. '이게 뭐하는 짓인가.' 당연하게 이런 생각이 올라온다.

　지속적으로 하다 보면 어느 순간 울컥한다. '이렇게 잘하는 것이 없는 나도 사랑받을 자격이 있는가?', '부모님께 죄인인 나도 사랑받을 수 있는가?', '내가 그럴 가치가 있는 사람인가.' 끊임없이 나를 공격하는 생각이 올라온다. 서러울 정도다. 나는 이러한 생각이 떠오른 뒤 펑펑 울었다. 그렇게 감정을 해소하고 나니까 후련한 감정이 떠올랐다. 그때부터 나는 나를 사랑할 수 있었다. 그리고 신뢰를 가졌다. 그 신뢰를 너무 가지다 보니 솔직히 무모해서 지금도 가끔 사고를 치긴 한다. 그래도 나에 대한 신뢰는 무너지지 않았다. 내가 나를 사랑하지 않고, 나를 믿어주지 않으면 그 누구도 나를 감싸주지 않는다. 나에게조차 버려진 사람은 다른 사람도 손쉽게 본다.

　내가 원하는 것을 이루기 위해서는 이 자기 사랑, 자기 신뢰가 기본이 되어야 한다. 그 무엇이든 좋다. 단순한 물건, 동산, 부동산, 꿈, 사랑, 가

　　　　　　　　　　　　기적을 현실로 만드는 생각의 힘

족, 그 무엇이라도 얻기 위해서는 선행이 되어야 한다. 자기 사랑과 신뢰가 없는 사람은 이런 것을 가지기가 어렵다. 가져도 무엇을 원하는지 알아차리지 못한다. 스스로를 믿다 보면 내가 해야 할 삶의 목적이 대해 보이기 시작한다.

　나는 내가 원하는 것에 대해서 자세히 알지 못했다. 그저 어렴풋이 안개에 쌓여 있을 뿐이었다. 나는 옛날부터 작가가 되고 싶었다. 소설, 자기계발 동기부여 작가가 되고 싶었다. 하지만 '나 같은 것이 무슨 책이야?'라고 생각하며 그것을 무시했다. 자신에 대한 믿음을 가진 이후로 이 꿈은 점점 커져갔고, 나는 강하게 믿었다. '내가 원하니 나는 반드시 작가가 될 거다. 우주는 내게 가장 적당한 때에 작가의 길을 열어줄 것이다!' 그리고 그것은 이루어졌다. 나는 지금 이 책을 쓰고 있으니까. 만약 내가 이 책을 쓸 기회를 한 달만 더 빨리 또는 늦게 결심을 했다면, 그것은 결심으로만 끝났을 것이다. 정말 기회가 딱 그 찰나에 왔고, 결국 나는 작가가 되었다. 나는 책이 출간되기 전부터 내가 이미 성공한 동기부여가, 자기계발 전문가라고 생각하고 행동했다. 그러자 지인들로부터 아니면 다른 루트를 통해 상담 요청이 들어오기 시작했다. 그리고 나의 처방이 유효하게 먹힌다는 것을 알았다. 나는 다시 소설을 향해 눈을 돌리고 있다. 나는 성공한 작가나 마찬가지였다. 이 믿음은 깨지지 않는다. 나를 믿고 내가 원하는 것을 강하게 갈구하고 믿어야 한다. 그래야 얻을 수 있다.

확언이라는 강한 기도를 하라

나는 내 꿈에 다가서기 전부터 확언을 했다. 확언은 확실한 언어이다. 확신을 가진 언어다. 내 미래에 대해 확신을 가지고 세상에 선포하는 언어다. 비웃어도 좋다. 어차피 누구에게 들려주는 말이 아니라 나와 우주가 공유하는 언어이기 때문이다.

나는 항상 나에게, 나의 우주에게 확언을 들려주었다.

"근영아, 너는 성공한다."
"너는 반드시 성공한 작가다."
"강한 동기부여가, 자기계발 전문가다."
"너처럼 평범하고 실패만 겪은 이들에게 힘이 된다."
"너는 반드시 네가 원하는 만큼 경제적으로 풍요로워졌다."
"네 주변에 좋은 이들만 오게 되었다."

이것을 강하게 생각했다. 이 중에 몇 가지는 곧 손에 잡힐 것 같다. 아니 이미 잡힌 것이나 마찬가지다.

특히 내 주변에 좋은 이들만 모이는 것은 이루어졌다. 나는 항상 인간관계에 결핍을 겪었고, 그나마 있는 사람들은 내 자존심을 짓밟는 드림킬러였다. 나는 왕따와 은따 전부터 인간관계가 매우 힘들었다. 항상 남에게 나를 맞추려했다. 그래서 그들이 인격 모독을 하더라도 웃으며 받아들였다. 너무나도 슬펐다. 사실 지금도 그때를 생각하면 울컥한다. 그러나 자기 사랑과 신뢰 이후로 그것은 사라졌다. 나는 나의 길을 가기로 했고, 나에게 끊임없이 사랑과 확언을 불어넣어줬다. 나는 세상에 오롯한 존재다. 이 세상은 내가 있기에 존재할 수 있는 것이기 때문이다. 그래서 나에게 도움이 되지 않는 사람들이 걱정과 조언이라는 가면으로 나를 부수려들 때는 내면에서 외면했다. 우리는 감정적이지만 이성적인 사람이다. 왜곡된 사랑이 아닌 진짜 자기 사랑을 하게 되면 보다 자신을 객관적으로 바라볼 수 있게 된다. 그래서 진짜 조언과 걱정과 거짓을 구분할 수 있게 된다. 아집이 사라지는 것이다. 그 후 내 주변에는 드림 킬러들은 서서히 사라져갔거나, 긍정하는 사람들로 바뀌었다. 지금 내 주변에는 인격 모독을 하거나 나의 꿈을 죽이는 드림 킬러들은 더 이상 없다.

그리고 원하는 것을 강하게 구한다면 기다려야 한다. 원하는 것이 바로 이루어졌으면 하겠지만 우리의 마음과 소망은 항상 변한다. 지금 당장 이루어졌으면 하지만, 의외로 나중에 이루어져야 이로운 것들도 많다. 물론, 복권 당첨은 지금 당장 되길 원하겠지만 말이다. 그러나 진실로 이루어지는 중이라면 내 깊은 무의식에서 진짜 원한다면, 그것은 적절한 때에 이루어질 것이다.

내가 20대 때 작가가 되었더라도 마찬가지다. 아마 어린 나이에 작가가 되었다면 내 성격상 나는 더 지금보다 막 살았을 것이다. 지금의 나이에 작가가 되는 것은 늦은 것 같이 보이지만 내 성격에는 딱 적당한 시기다. 나도 어느 정도 심리적으로 성숙이 되었기 때문이다. 지인에 대한 것도 그렇다. 어린 시절에 좋은 지인들만 만났다면 난 소중함을 몰랐을 것이다. 인간관계에 어려움을 겪었기에 좋은 지인들이 얼마나 소중한지를 깨달았다. 이처럼 우주는 내가 원하는 것을 바로 주지 않는다. 내가 가장 적절하게 활용하고 그 가치를 알만한 시기에 원하는 것을 준다.

대체 왜 안 주는지에 대해 고민하지 말자. 그 고민을 하는 순간 우주로 송신되던 나의 염원의 에너지는 뚝 끊긴다. 그리고 '왜 안 주냐'가 아닌 '안 준다'라고 우주는 인식해버린다. 이것이 우주가 내가 바라는 것을 인식하는 원리다. 내가 원하는 것을 긍정형으로 정확하게 바라야 한다. 중요한 것은 집착해서는 안 된다. 당연한 것에 집착하는 사람은 없다. 그것에 대해 확신이 없기 때문에 불안하므로 집착하는 것이다.

나는 매일 30분 사색의 시간을 가진다. 이것은 명상과는 조금 다르다. 내가 무엇을 원하는지, 내가 무엇에 대해서 믿는지를 생각한다. 그리고 그것을 정리한다. 몇 분 가지고는 안 된다. 최소 30분 정도는 몰입해서 생각해야 한다. 그리고 그것이 이루어진 것 마냥 완성형으로 확언을 만든다. 그래서 시간이 날 때마다 확언을 되뇌인다. 녹음도 해서 집안에서 틀어놓는다. 내 목소리가 어색하다고 녹음을 안 한다고? 그러면 그것 자체가 강하게 원하는 것이 아니다. 내가 진짜로 원한다면 부끄러움 따위는 없어지니까 말이다.

지금부터 강하게 원하는 것이 무엇인지 생각해보라. 그리고 스스로를 믿고 이루어진 것처럼 확언해라. 그러면 내가 가장 가치 있게 활용할 수 있는 시기에 어느새 이루어져 있을 것이다.

● **기적을 일으키는 한마디** ────────────

"나는 자유롭고 건강한 삶을 택한다."

우리는 회사의 틀에서 노예 생활을 하고 있습니다. 자유로운 삶 따위는 기대할 수 없죠. 스트레스를 받다 보면 건강도 해치고, 더욱더 병원비를 벌기 위해 노예 생활을 벗어나지 못합니다. 그러나 내가 자유롭기를 선언하고 그것을 깊게 믿는다면 유인력의 법칙이 작동하여 자유로울 수 있는 길이 제시됩니다. 이른바 영감이 이끄는 삶을 살게 됩니다. 저도 그런 삶을 살다가 어느 순간 강하게 믿기 시작하다 보니 길이 제시되더군요. 유인력은 가장 적절한 시간대에 적절한 방법으로 자유를 제시합니다. 끌어당기고 선언하세요.

생생하게 상상하여
끌어당기기

욕망과 상상력은 우화 속에 나오는 마법사의 지팡이입니다.

– 네빌 고다드 (미국의 형이상학자)

성취의 주파수를 맞춰라

인간은 상상의 동물이다. 그리고 인류는 상상을 통하여 발전해왔다. 100년 전에 100년 후 미래인 지금을 상상하여 그린 그림을 보면 지금 대부분은 비슷하게 이루어졌다. 인류가 달에 가기 몇 년 전만 해도 달에 간다는 것은 상상에서나 가능했다. 그러나 인류는 해냈다. 인간은 욕망을 상상으로 떠올려 현실로 만들어나가는 존재인 것이다.

나는 내 미래에 대해 상상한 적이 있다. 중2병 시절에는 내 인생에 서른은 없을 거라고 생각한 적도 있었다. 그리고 편입을 공부할 때는 나의 몇년 뒤 미래에 대해 막연하게 상상한 적이 있었다. 바쁘고 전문직이며 남이 보기에도 그럴싸한 직업을 가지고 싶다. 그러면서 당시 헤어스타일을

기적을 현실로 만드는 생각의 힘

단정하게 말은 머리를 떠올렸다. 그리고 나는 지금 간호사가 되었다. 떠올린 옷차림을 제외하고는 거의 맞아 떨어진 것이다. 내가 만약 조금 더 자세하게 내 미래에 대해 더 생생하게 구체적으로 상상했으면 다른 미래가 펼쳐졌을지도 모른다.

바베이도스 태생 미국의 형이상학자 네빌 고다드는 자신의 저서 『법칙과 약속』에서 다음과 같이 이야기했다.

"종종 자칭 현실주의자라는 사람들이 제게 와서는 단순히 이미 원하는 모습이 되었다 상상하는 것만으로는 결코 자신의 꿈을 실현시키지 못할 것이라고 경고합니다. 원하는 모습이 이미 되었다고 상상을 한다면 자신의 꿈을 실현시킬 수 있습니다."

그가 언급한 자칭 현실주의자는 흔히 말하는 드림 킬러다. 이들은 아이들의 꿈마저 비웃는다.

"그런 것이 이루어지겠어? 현실적으로 생각해봐."
"하나라도 뭘 해내고 그런 말해라."

많이 들어본 말이지 않는가. 내 주변에도 흔히 있었다. 이것들은 상상을 짓밟는 말들이다. 그러나 다시 언급하지만 인간은 상상으로 발전해온 존재다. 상상은 생각과는 궤가 조금 다르다. 생각이 이성의 영역에 있다면 상상은 조금 더 초월적인 영역에 있는 것이다.

〈한책협〉의 대표 김태광은 상상만으로 지금의 위치를 일군 사람이다. 그는 정말 비참하고 어려웠던 시절에 성공한 미래를 생생하게 떠올리며, 그 누구도 자신을 비웃지 못하게 하겠다고 다짐했다고 한다. 멋진 차를 가지고, 멋진 집에서 자신이 그린 완벽한 배우자와 하고 싶은 일을 하는 것을 상상했다고 한다. 그리고 그는 백 억대의 자산가이며 활발히 활동하는 작가, 강연가다.

이처럼 상상은 사람을 이끄는 원동력이 되어 미래로 인도한다. 상상력이 없다면 우리는 현재를 무미건조하게 살아가는 동물과 다름없을 것이다. 상상이 자극되어야 인간은 미래라는 희망을 바라보게 되는 것이다.

인생을 멋지게 이끌도록 인도하는 상상을 할 때에는 그냥 해서는 안 된다. 편안한 곳에서 몸을 이완한 채로 정신은 선잠 상태에서 이루어져야 한다. 꿈과 현실이 모호한 곳에서 해야 뇌는 착각한다. 여긴 어디인가, 나는 누구인가. 나의 경우에는 선잠이라는 것을 겪지 못하고 바로 잠을 자기 때문에 남들과 같이 자면서 상상하는 것은 엄두도 못 냈다. 그래서 나는 명상 후에 상상을 한다. 명상의 집중 상태와 모호한 느낌이 상상을 보다 생생하게 이끈다. 그래서 나는 일상생활에서 겪는 불편함은 모두 상상

기적을 현실로 만드는 생각의 힘

을 했다. 그 상상은 현실로 답을 주었다. 상상은 현실을 나타내주는 훌륭한 도구인 것이다. 그 원리가 무엇인지는 자세하게 모른다. 이것 또한 상상이라는 안테나의 자극으로 우주에 원하는 것을 끌어오는 주파수를 보내지 않을까라고 생각한다. 우리는 늘 에너지를 뿜는 존재이기 때문이다. 생각보다 상상이 더 생생하게 느껴지기 때문에 우주가 보다 더 잘 받아들인다고 본다. 우주는 보다 생생한 것을 좋아하기 때문이다. 그래서 상상을 할 때는 정확하게 시나리오를 쓰듯 결과를 보면서 상상해야 한다. 과정은 필요 없다. 어차피 우리에게 과정은 중요한 것이 아니다. 그것을 성취했냐 못 했냐가 중요한 것이다.

집착하지 않고 집중하라

나는 건강이 꽤나 좋지 못했다. 허약해서 비실거렸고 명확하게 어디가 아프지도 안 아프지도 않았다. 병원에서도 그냥 면역력 저하나 피곤해서라고만 했다. 그래서 어릴 적부터 늘 드는 생각은 '대체 건강한 사람은 어떤 생각을 하며 살까?'였다. 그러나 지금 나의 몸은 10대, 20대 때보다도 건강하다. 나는 항상 건강하고 빠릿한 사람을 동경했다. 그래서 나의 모습을 그에 대입해서 수시로 상상하고 또 상상했다. 그 결과 내 주변 사람들에게 건강해졌다는 이야기를 종종 듣는다. 또한 나는 항상 동안을 내외모의 기본으로 여겼다. 내 머릿속에 항상 나는 20대라고 생각했다. 그래서 내가 보기에는 늙어 보였지만 20대인 것처럼 상상 속에서 행동했다.

그리고 나는 지금도 20대 후반, 30대 초반이라는 기분 좋은 오해를 받는다. 피부도 마찬가지다. 정말 내 얘기를 하려면 할 얘기가 수없이 많다.

큰 것은 없냐고 물을 수도 있겠다. 없다. 당신은 진실로 큰 것을 받을 정도로 강하게 원하는가? 생생하게 원하는 게 있는가? 그러면 이루어질 것이다. 나는 그 정도로 강하게 생생하게 바라는 것이 없기 때문이다. 내가 주로 원하는 것은 이런 소소한 것들뿐이다. 단 하나 크게 원하는 것이 있다면 돈인데 이것은 내가 모든 상상을 생생하게 해냈어도 집착을 버리지 못했기 때문에 이루지 못하고 있다.

상상에 있어서 가장 주의해야 할 것이 있는데 바로 집착이다. 집착은 모든 것에 있어서 사라져야만 한다. 이것은 올바른 욕망과는 다르다. 집착은 왜곡된 욕망이다. 왜곡된 것에 올바르게 답해주는 사람은 없다. 우주도 마찬가지다. 왜곡된 주파수는 인식하지 못한다. 그것은 튕겨내거나 의도하지 않은 것을 주어 주파수를 흐트린다. 왜곡된 집착이 있는 상상은 결코 이루어지지 않는다. 이루어진다 하더라도 빠르게 무너져버린다.

집착은 정화나 명상을 해서 흘려보내야 한다. 나의 경우에는 너무 거대한 집착이라 그것이 아직도 잘 해결되지 않고 있다. 일단 내가 집착을 인식하고 있다는 것에서는 긍정적이다. 모르고 집착하는 것보다 아는 상태에서 집착을 놓으려고 하는 것은 천지차이이기 때문이다.

집착을 놓아버림으로써 이루어지는 대표적인 것에는 임신이 있다. 나는 산부인과에서 일한다. 그곳에서는 임신을 간절하게 원하다가 집착을 놓고 살다가 임신이 되어 온 사람들이 제법 있다. 이것은 아직도 의학적으로 정확하게 설명이 안 되는데 아마 스트레스 호르몬과 관계가 있지 않나 추측만 할 뿐이다.

스트레스 호르몬은 우리의 감정 이성을 마비시킨다. 우리가 스트레스에 노출되다 보면 이성적인 생각을 할 수 없고 감정은 부정의 늪으로 흘러든다. 몸이 편안하지 않으니 짜증도 늘어버린다. 이때는 상상도 잘 되지 않는다. 머릿속으로는 생생하다고 생각할지는 몰라도 그것은 착각이다. 나도 극도의 스트레스 때는 상상을 멈춘다. 이럴 때는 그냥 나를 정화하고 명상을 해서 가라앉히는 것이 답이다. 자신에게 정신적, 육체적 휴식을 주어야 한다. 그 후 다시 집착이 사라진 상상을 해야 한다.

상상은 순수해야 한다. 어린아이들이 생생한 꿈을 꾸는 것처럼 말이다. 성인이 된 지금은 생생한 상상이 어렵다고 할 수 있다. 그러나 간절하게 원하고 원한다면 생생한 상상은 누구에게나 이루어진다. 그리고 현실로 나타난다. 즐거운 마음으로 해야 한다. 이루어진 상태에서 해야 한다. 내가 이것을 이루면 어떻게 될까 하며 기쁘게 해야 한다.

나는 삶을 그렇게 살아왔다. 집착이 없는 것은 즐겁게 상상한 대로 누리며 살아왔다. 그리고 나는 지금 또 즐거운 상상을 하며 내 꿈을 현실로 쌓아가는 작업을 하고 있다. 멋진 작가, 강연가, 동기부여가가 되는 것이다. 나처럼 평범하고 어영부영한 실패를 본 사람들을 일으켜주고 도닥여주는 사람이 되고 싶다. 나는 내 미래에 대한 상상을 즐겁게 하며 전율을 느낀다. 이미 된 것이라 생각하기에!

● **기적을 일으키는 한마디**

"나에게는 항상 새로운 기회의 문이 열린다."

기회는 준비된 자에게만 찾아옵니다. 그러나 기회가 찾아와도 나의 문을 꽁꽁 닫으면 기회를 맞아들일 수 없습니다. 원하는 것을 끌어들이다 보면 내가 원하는 적절한 때에 언제 어떻게 찾아올지 모릅니다. 지금 당장 오지 않는다고 불평하지 마세요. 불평하는 순간 당신 안의 믿음은 무너지고 도로 아미타불이 되어버립니다. 기회가 반드시 온다고 믿음을 유지하세요.

"쓰고 상상하고 이루어라!"
– 김승호 회장

　　김승호 회장은 부채가 전혀 없는 4,000억의 순 자산을 가진 사업가로 많이 알려져 있습니다. 그는 유인력의 법칙을 이용해 자신의 성공을 이루었다고 말한 바가 있습니다.

　　"신이 말하는 대로 이루어지는 능력이 있다면, 인간 또한 말하는 대로 이루어지는 능력이 있기 때문에 인간은 신이다."

　　김승호 회장은 상위 60%의 성적, 조용했으며 독서를 즐겼고 너무나도 평범했기에 슈퍼리치가 될 것이라 아무도 상상할 수 없는 조건이었습니다. 그러나 그는 자신 있게 자신의 성공 이유를 한마디로 압축했습니다.

　　"생각하는 대로 이루어진다."

　　유인력의 법칙을 제대로 이용한 것이라 할 수 있겠습니다. 그가 쓴 방법은 독특합니다. 3개의 소원, 100일의 기적의 업그레이드 버전입니다. 바로 100일 동안 100번씩 쓰는 것. 사실 이렇게까지 자신의 꿈에 집중한다면 누구라도 꿈에 다가서고 움켜쥘 수 있다고 봅니다. 안 이뤄지나요? 그러면 될 때까지 하세요! 원하는 것에 집중하세요! 방법은 중요하지 않습니다. 말로 해도 좋고 강하게 상상해도 좋습니다. 중요한 것은 내가 그 '이루고자 하는 것에 얼마나 집중하는가'입니다.

김 회장은 원하는 것을 얻기 위한 집중에 대해 자신의 저서 『생각의 비밀』에 남겼습니다.

"원하는 것을 얻기 위해 아무것도 포기하지 않고 얻으려 한다면 결코 얻을 수 없을 뿐더러, 공짜처럼 얻은 것은 결국 사채 이자처럼 혹독한 대가를 요구한다. 그래서 당신의 성공은 처음부터 성실해야 하고 신용을 갖춰야 하며 노력해야 하고 공부해야 한다."

100일 동안 100번씩 쓰는 것도 마찬가지입니다. 그 어떤 것도 집중이 없으면 결코 이룰 수 없습니다. 상상과 생각으로 내 미래를 원하는 방향으로 만들 수는 있지만 이 또한 집중으로 이루어지는 것입니다.

대부분의 사람들은 생각하는 대로 이루어진다는 것을 믿지 않습니다.

기적을 현실로 만드는 생각의 힘

믿더라도 노력을 하지 않습니다. '나는 안 되던데?' 이미 자신이 되지 않는다는 것을 전제로 하는 것입니다. 진심으로 믿는 사람들은 애초에 그런 말조차 꺼내지 않습니다. 왜냐하면 이미 된 것을 알고 있기 때문입니다. 또한 유인력의 법칙에 대해 가장 많이 하는 오해는 노력을 하지 않는다는 것입니다. 아닙니다. 집중에 대한 노력을 해야 합니다. 단순한 상상과 생각으로는 결코 이룰 수 없습니다.

　김승호 회장은 바로 이 집중의 신념을 가졌기 때문에 여러 번의 실패에도 굴하지 않고 일어설 수 있었던 것입니다. 이러한 집중에 대한 믿음과 반드시 이루어진다는 확신이 없다면 쉽게 일어서지 못했을 것입니다.

기적을 현실로 만드는 생각의 힘

POWER OF THINKING

5장

당신의
미래는
생각하는 대로 된다

1
눈높이를
우주급으로 높여라

어진 사람을 보면 그와 같이 되기를 생각하고,
어질지 않은 사람을 보면 속으로 스스로 반성하라.
— 공자(중국의 사상가)

눈높이에 따라 보이는 것이 다르다

우리는 모두 시야가 다르다. 참새의 시야를 가진 사람이 있는가 하면 안데스의 로크처럼 까마득하게 높은 곳에서 시야를 공유하는 이도 있다. 시야는 선입견과 같다. 내가 나를 바라보는 데도 시야를 폭넓게 가져야 한다. 나 스스로를 보는 데도 선입견이 작용하기 때문이다. 그것은 나에게는 족쇄가 된다.

나는 30대 전까지 시야가 매우 좁았었다. 지금도 넓은 편은 아니지만 지금보다 더 협소했다. 오로지 나밖에 모르는, 눈을 가리고 달리는 말과 같았다. 지금보다 더 이기적인 성격이었던 나는 항상 남의 비난을 들었다. 비난을 들었으니 내 입에서도 좋은 말이 나올 리가 없었다. 그래서 나는 트러블메이커였다. 이때 내가 스스로에 씌운 족쇄는 '나는 남들과 사이좋게 지낼 수 없어.'였다. 내 선입견이 그곳에 맞춰져 있었던 것이다. 그래서 나는 무엇을 하든 남에게 반발을 하게 되었다. 내가 사고의 전환을 하게 된 것은 20대 중후반부터였다. 그때 나는 의식 향상과 관련된 도서를 많이 읽었었는데 이때 내게 씌워진 족쇄를 깨달았다. 나는 남에게만 반발하는 것이 아니고, 나 스스로와도 사이좋게 지내지 못한다는 것이었다. 이때 읽게 된 책으로 인해 나는 시야를 넓히는 법을 익혔다.

이때 내가 사용한 방법은 '우주로 날아가기'였다. 시선은 내 몸에 둔 채로 의식을 점점 위로 올려 우주까지 보내고 더 먼 우주로 보내는 것이었다. 이것은 꽤나 효과가 있었다. 단순히 생각임에도 불구하고 나의 시야나 느낌이 달라진 것이다. 마치 관조자가 된 느낌을 받은 적도 있었다. 이것은 나를 조금 더 관용적이고 너그러운 사람으로 이끌게 되는 계기가 되었다. 동물에게조차 질투하던 나는, 사람을 어느새 있는 그대로 받아들일 수 있게 되었다.

나는 우주로 몸을 띄우는 상상을 하는 이후로 많은 것이 달라졌음을 느꼈다. 관대해졌음은 물론 나 스스로에 대해 많은 것을 점검하게 되었다. 나를 파악하기 위한 질문을 하게 된 것이다. 이것은 중요하다. 내가 무엇을 보기 위해서는 내 수준을 알아야 하기 때문이다. 나에 대해서 정확히 파악하지 못한 사람은 외부 세계조차 알아차리지 못하게 된다. 나를 파악

기적을 현실로 만드는 생각의 힘

한다는 것은 나의 그릇과 눈을 키우는 작업과 같다. 1층에서 점점 더 위층으로 올라가는 것과 같은 것이다. 스스로를 알기 위한 질문을 하나하나 떠올릴 때마다 나의 의식도 상승되어가는 것이다. 그 전의 우리 의식은 좁은 통 안에서 안달복달하는 것과 같다. 좁은 통 안에서의 시야는 딱 그 정도뿐이다. 나를 위한 질문은 그 통을 빠져나오기 위한 사다리와 같다.

이것을 의식 향상이라고 한다. 자신을 파악하지 못하는 사람은 그 무엇도 알지 못한다. 자기 자신도 제대로 알지 못하는데 어떻게 남을 평가질할 수 있단 말인가? 우리의 조상들은 '수신제가 치국평천하(修身齊家 治國平天下)'를 이야기했다. '나를 닦고 가정을 정돈해야 나라를 다스리고 천하를 평정한다.'는 뜻의 이 성어는 나를 갈고 닦아 스스로부터 시야가 정돈이 되어야 세계를 평정할 수 있다는 말을 하는 것이다.

나는 명상을 하며 끊임없이 스스로에 대해 질문을 하고 시선을 넓히는 연습을 했다. 상상 속에서 공간과 높이를 조절하는 모습과 같았지만 그 속에서 자신을 키우면 정말 느낌이 다르다. 꼭대기에서 보면 인간은 정말 하잘 것 없어 보인다. 개미같이 아등바등 움직이는 것을 보면 우습기까지 하다. 그러니 내 걱정은 무의미하다는 생각도 하게 된 것이다. 거대한 우주 속에서 나의 존재는 먼지 한 톨과 같이 느껴지는 것이다. 그렇게 느껴지다 보니 다른 것을 대할 때 조금 더 관용적으로 다가설 수 있게 되었다.

성경의 민수기에 인간이 스스로를 메뚜기라고 표현한 구절이 있다. 인간은 스스로를 메뚜기라 주저 없이 부르며 비하했다. 거인에 비하면 자신들은 한 줌도 안 되는 메뚜기라며 말이다. 그것은 자신의 한계와 시야를 메뚜기에 한정시킨 것이다. 이렇게 자신의 한계를 고정시킨 사람들이 무엇을 해낼 수 있겠는가?

"나는 ~다.", "나는 ~하다."는 나를 한계 짓는 정의다. 보통 확언을 할 때 저렇게 사용을 하게 된다. 이것은 내가 원하는 시야에 나를 고정시키는 작업을 하는 것이다. 결국 확언은 나를 결정짓는 언어의 정의와 같은 것이다. 나의 경우에는 "나는 풍요롭다."를 많이 사용한다. 나의 정의를 풍요로움에 맞춘 것이다. 그래서 내가 바라보는 시야는 풍요에 있다. 관계적 풍요, 재정적 풍요, 시간적 풍요, 건강적 풍요 등 모든 풍요가 해당이 된다. 이 중 나는 관계적 풍요를 먼저 이루었다. 다른 것은 차츰 이루어가려고 하는데 이때 나의 믿음이 흔들리면 안 된다. 반석 위에 세워지지 않은 믿음은 사상누각과 같다. 그래서 내 마음이 흔들릴 때마다 믿음이 흔들리면 현재를 유지하는 프레임도 같이 흔들리게 된다. 이럴 경우 내가 원하는 것과는 전혀 다른 결과를 불러일으키게 된다.

나는 인간적 풍요에 대해서는 강한 믿음을 가질 수 있었지만, 재정적 풍요는 강한 집착으로 인하여 쉽게 해결할 수가 없었다. 집착은 믿음이 없는 가운데서 생긴다. 결국 재정적 풍요에 대한 나의 믿음은 확고하지 못하다는 것을 나타냈던 것이다. 그렇기에 재정적 풍요에 관한 나의 상황은 생각보다 좋지 못했다. 집착을 가진 내 마음 속에는 "나는 돈은 쉽게 벌 수 없다.", "돈은 잘 사라진다."와 같은 믿음으로 나를 바라봤기 때문이다. 내 시선이 그곳에 고정되어 있는 이상 나는 돈을 크게 모을 수 없을 것이었다.

훈수를 두면 보이는 것이 다르다

우리가 살아가다 보면 집착을 가지는 것이 한두 개는 있다. 그것이 사람일 수도 있고 사랑일 수도 있으며 나처럼 물질일 수도 있다. 이것은 결핍에서 오는 감정이다.

나는 인간관계에서 시야를 가질 때 제 3의 각도에서 사람을 바라보려고 했다. 나와 상대를 분리해서 보면 더 잘 보이게 된다. 나를 관찰할 때도 마찬가지다. 나는 이것을 '훈수'라고 부른다. 이는 내가 마음자리를 다듬는데 중요하게 작용한다. 훈수야말로 시야의 전환을 잘 보여주는 것이기 때문이다. 내가 볼 수 없던 것을 보도록 만들어준다. 내 시야가 성장하게 되면 집착은 많이 사라지게 된다. 내가 아직도 재정에 대해 집착을 가지는 것도 그것에 대해 객관적으로 바라보는 훈수를 하지 못했기 때문이다.

훈수를 하다 보면 여러 가지가 보이는데 이때 주의해야 할 점이 있다. 갑자기 달라진 나의 시야에 놀라고 즐거워서 이것저것을 참견할 수 있다는 것이다. 정말 훈수쟁이가 할 만한 짓을 하는 것이다. 이것은 당장은 시야가 보일지 몰라도 오만함을 발족시켜버린다. 그렇기 때문에 삼가야만 한다. 그렇지 않을 경우 당신의 시야가 좁아졌을 때 많은 외부의 공격을 받게 되어버린다.

시야를 넓히고 유지하기 위해 끊임없이 하루 30분 정도는 사색하는 시간으로 떼어놔야만 한다. 나를 살펴보는 것은 하루 이틀 만에 될 일이 결코 아니기 때문이다. 우선 시야가 넓어지면 나 자신의 심리적, 외부적 여유가 더 생겨난다. 시야 확장으로 인해 의식도 같이 확장이 되기 때문에 내 주변이 정리가 되기 때문이다.

우리는 항상 우리가 보는 것만 믿는 경우가 많다. 흔히 말해서 현실주의자라고 하는데 나는 현실주의자를 좋아하지 않는다. 이들의 시야는 매우 협소하기 때문에 다른 시야가 있다는 것을 결코 인정하지 않는다. 이들이 바로 드림 킬러가 되기 때문이다. 참새와 독수리는 나는 높이가 다르기 때문에 시야가 완전히 다르다. 이들은 그렇기에 먹는 것도 보는 것도 날아가는 거리도 사는 방식도 다르다. 내 시선이 어느 곳에 위치해 있느냐에 따라 날 수 있는 범위가 달라지는 것이다. 그렇기 때문에 우리는 좀 더 넓게, 좀 더 멀리, 좀 더 높이 바라봐야만 한다. 그래야 내가 원하는 것이 어디 있는지 정확하게 찾을 수 있게 된다.

기적을 현실로 만드는 생각의 힘

"나는 무한한 방법으로 무한한 자원들을 받아들인다."

지구의 자원은 엄청납니다. 그러나 그 자원은 소수의 사람들에게 집중되어 있습니다. 재력 또한 마찬가지입니다. 대부분은 그 자원은 절대 공평하게 나누어지지 않으며 자신에게는 그 혜택이 돌아가지 않을 것이라 생각합니다. 그 생각이 바로 당신의 풍요를 막는 것입니다. 지구는 우주의 일부분입니다. 우주의 자원은 무한하죠. 지구도 마찬가지입니다. 결코 한정된 것이 아닌 우리가 알지 못하는 방법으로 무한하게 자원들이 공급될 것입니다.

2
미래를 지탱할
정신력을 가져라

세상의 모든 일은 여러분이 무엇을 생각하느냐에 따라 일어납니다.
– 오프라 윈프리(미국의 방송인)

정신력이라는 믿음의 방패를 장착해야 한다

"생각한 대로 된다고? 미친 거 아냐?"

"인생을 어떻게 뜻대로만 하고 살아?"

"원래 하고 싶은 것 못하고 사는 거야."

많이 들어본 말 아닐까? 나도 살면서 수없이 들어 온 말이고 지금도 듣고 있는 말이다. 솔직히 들을 때마다 화가 나는 말이기도 하다. 겨우겨우 올려놓은 내 믿음의 탑을 부수려고 하는 강력한 토르의 묠니르처럼 보이기 때문이다. 정말 저 말을 들을 때마다 몸에 힘이 쭉 빠져버린다.

하지만 우리의 인생은 생각보다 단순하다. 원하는 대로 생각한 대로 살

기적을 현실로 만드는 생각의 힘

지 못하는 것은 나와 내 주변에 흐르는 에너지를 제대로 이해하지 못하기 때문이다. 인간은 에너지로 이루어져 있고 이 세상 또한 에너지의 집결체이다. 에너지는 같은 것끼리 모이는 습관이 있는데 이것을 이용해 원하는 것을 끌어당기는 것을 유인력, 유인력의 법칙이라 부른다.

나는 내가 원하는 것을 대개 가지는 편이다. 그것을 너무나도 당연하게 가진다고 생각하면 어느새 내 손에 들어와 있는 것이다. 이때 중요한 것은 결코 집착해서는 안 된다는 것이다. 집착은 왜곡된 사랑이며 원하는 것을 굴절되게 하여 결코 나에게는 오지 못하게 만들기 때문이다.

단 한 번이라도 내가 원하는 삶을 살아야겠다고 결심해본 적이 있는가? 내 미래를 내 뜻대로 운전하겠다고 생각해본 적이 있는가? 자기 세뇌처럼 되어 저 말 이상의 시야를 높여 본 적이 없을 것이다. 모두 다음 같은 말은 들어왔을 것이다. '미래는 뜻대로 되지 않는다.', '원하는 대로 살 수 없다.'라고 생각했을 것이다.

나도 살면서 어려움을 겪어왔고 좌절도 겪어왔다. 이 책을 쓰는 동안에도 어려움은 수차례 나를 덮쳐왔다. 내 잘못으로 인한 것도 있으며 외부에 의한 사건도 있었다. 감당하기 힘든 어려움이었다. 그러나 나는 내 미래는 내 뜻대로 원하는 대로 이룬다고 강력하게 마음을 먹고 있다. 내가 그러한 결심을 가지지 않았다면 난 당장 책 쓰기를 중단했을 것이다.

본래의 나라면 의지가 약해서 내가 겪었던 강력한 내외부적인 공격이

들어오면 당장에 책 쓰기를 중단했을 것이다. 그러나 미래에 대한 확신이 생긴 이후로 나는 내 생각대로 미래를 얻을 수 있다고 믿고 있다.

착각이 아니다. 착각이라고 생각된다면 우선 흔들리지 않는 믿음으로 자신의 미래에 대한 확신을 가져보고 이야기해보자. 거짓된 확신이 아닌 진짜 확신이다. 나는 지금 내 미래를 설계하고 바라보는 것이다. 내가 가야 할 코치, 강연가, 작가의 길을 계속해서 점검해보고 있으며 그것에 강한 확신을 가지고 있다. 자기 자신에 대한 강한 확신이 있지 않는 이상 미래는 결코 생각하는 대로 흘러가지 않는다. 그 누구라 할지라도 격한 풍랑은 겪기 마련이니까. 다만 어느 정도의 강한 믿음이 대피소가 되어 나를 보호하느냐, 보호하지 못하느냐가 문제가 된다.

내가 원하는 미래로 다가서기 위해서는 믿음과 함께 내 생각을 지탱해줄 정신력이 필요하다. 같은 말이 아니냐고? 비슷하다. 다르지만 밀접한 상관관계가 있다. 믿음은 정확한 이정표다. 정신력은 나를 보호해주는 방패다. 이것들은 창과 방패가 되어 나를 지켜주는 힘이 되는 것이다. 내가 강한 믿음을 가지지 못한다면 정신력 또한 강해지지 않는다.

믿을 수 없는 것이라도 내가 내 삶을 이끌 수 있다고 강력하게 믿어야만 한다. 흔들린다면 상상을 해보라. 마치 영화를 보듯이 말이다. 이러한 방법으로 나는 내가 고치고 가지고자 하는 것을 많이 얻을 수 있었다.

또한 내 미래가 생각하는 대로 된다는 것은 그것에 대해 확신을 가지고

기적을 현실로 만드는 생각의 힘

있기 때문이다. 강하게 확신을 가지면 시간의 차이는 있을지 몰라도 반드시 이루어진다. 왜냐하면 나를 지지해주는 강한 정신력이 있기 때문이다.

그러면 이 강한 정신력은 어떻게 무장해야 할까? 단순히 강한 믿음을 가지면 되는 걸까? 우리에겐 하루 두 번 무의식의 장벽이 무너지는 때가 있는데 그때를 노려서 공략을 하면 된다. 아침에 일어날 때와 잠자기 직전 선잠이 들 때, 이때를 흔히 '비몽사몽' 간이라고 이야기한다. 현실인지 꿈인지 경계를 알 수 없는 모호한 상태다. 이 상태는 우리의 경계심이 흐트러지는 때다. 그렇기 때문에 보다 쉽게 자기 최면 상태에 빠져들 수 있게 되는 것이다. 최면을 걸 때 만드는 상태도 이 상태다. 그리고 내가 자주 읊었던 확언은 이 상태에서 계속해서 말하는 것이다. 그래서 확언은 습관이 되어야 한다. 아니면 한 가지 생각에 집중을 해야 하는데 이것이 습관이 되어 있지 않으면 몽롱한 상태에서 발동이 되지 않는다.

노력 없이 되는 것은 없다

어차피 내 꿈으로 가는 길은 부단한 의지와 노력으로 이루어진다. 생각을 집중하든 행동에 집중하든 포인트를 하나로 모아야 한다. 몽롱한 상태에서의 집중도 마찬가지다. 내가 진정으로 하고 싶은 것이 있다면 꿈속에서조차 그것에 몰두해야 할 것이다. 꿈에서도 아른거릴 정도의 집중력과 의지를 가져야 그때 미래는 내 뜻대로 움직여지기 시작한다.

대부분의 사람들은 적당히 노력만 하면서 "왜 안 되지? 순 거짓말 아냐?" 이렇게 말한다. 그런데 진심으로 노력한 사람은 마치 전력 질주한 것과 같기 때문에 자신이 원하는 결과가 나오지 않는다 하더라도 후회하지 않는다. 이미 어찌할 수 없을 정도로 기력을 쏟았기 때문이다. 그리고 기력이 비워진 그 곳에서 내 미래에 대한 기적의 태동이 시작된다. 그것을 반전이라고 부른다.

진심으로 원하지 않는 사람은 바라던 결과가 나타나지 않으면 포기한다. 그러나 진심으로 원하고 어찌할 수 없을 정도로 노력을 했다면 결과에 연연해하지 않는다. 어차피 이미 모든 것이 된 상태에서 했기 때문이다. 그래서 그들은 반전이 일어나도 놀라질 않는다. 당연하게 거둬들여야 할 결실이라고 생각한다. 그것을 외부 사람들이 보기에 '기적이다!', '반전이 일어났다.'라고 표현하는 것이다. 이미 이루어진 상태로 노력을 쏟은 것도 모르는 채 말이다.

바라는 미래라는 것은 결코 멀리 있지 않다. 내가 손에 안 잡히는 미래라고 본다면 그것은 결코 손에 잡히지 않을 것이다. 손에 곧 잡힐 듯이 생생한 미래라면 그것은 곧 이루어질 것이다. 이미 내 마음속에 이루어진 상태이기 때문에 뇌는 착각을 일으킨다. 그리고 그것에 대한 당위성을 부여하기 위해 현실에 구현하기 위한 작동을 시킨다.

후회 없을 정도로 노력한 적이 있는가? 그 정도로 노력했다면 원하던 결과가 나오지 않더라도 결코 불평하지 말아라. 애초에 불평 자체가 나올

리가 없다. 꿈에 미쳐야 한다. 내 꿈에 무한한 애정을 가져야 한다. 다른 이들이 비웃을지라도 그 꿈을 조건 없이 믿고 사랑해줄 수 있는 것은 나밖에 없다. 자신을 믿고 전진해야 한다. 이미 이루어진 결과에서 걸어야 한다.

그 어떤 꿈이라도 좋다. 그 어떤 미래를 그려도 좋다. 비웃어도 좋을 꿈과 미래는 그 어느 곳에도 없다. 내 꿈을 비웃는 모든 드림 킬러를 차단하자! 그리고 나를 믿고, 내 미래는 내가 원하는 대로 이루어졌다는 그 결과에서 시작하자!

● **기적을 일으키는 한마디** ────────────

"나는 가능성의 법칙 안에서 살고 있다. 그 안의 모든 것은 선이다."

우리는 무한한 가능성을 가지고 있습니다. 내 스스로 선입관과 한계를 설정한다면 나는 더 이상 성장할 수 없습니다. 나를 가두는 알을 깨야 합니다. 새롭게 태어나서 크게 성장할 수 있도록 내 가능성을 펼치세요. 나를 가두는 것은 나밖에 없습니다. 그리고 내가 행하는 모든 것은 세상에 이로운 것이니 자신감을 가지세요.

3
내 인생,
이 무대의 주인공은 나다

다른 사람의 생각에 인생을 맞춰가는 것은 노예나 다름없다.

– 라와나 블랙웰(미국의 소설가)

주인공으로 살아라

세상은 거대한 무대와 같다. 나는 배우고 각본가며 연출가이고 감독이다. 왜냐하면 이 세상은 내가 죽는다면 결코 내 세계에는 더 이상 존재하지 않기 때문이다. 그래서 내 무대의 주인은 나라고 하는 것이다. 내 인생에서는 내가 주인공이 되어야 하지 남의 인생의 들러리가 되어서는 안 된다. 그러면 나는 지금 무대의 주인으로 살아가고 있는가?

주인으로 살아간다고 하는 것은 내 삶을 주체적으로 이끌어나가는 것을 말한다. 남의 눈치를 보고 남의 말에 휘둘리며 남이 행하는 것으로 인해 내 삶이 흔들린다면 그것은 주체적으로 살아가는 것이 아니다. 그래서 우리를 현대판 노예라고 이야기한다. 나 또한 직장인이라 오너와 고객을 위해서 휘둘리는 삶을 어느 정도 살 수밖에 없다. 월급이라는 대가를 받고 살아가기 때문이다.

그러면 어떻게 주체적인 삶을 살아서 내 무대를 펼치고 그 안에서 주인공으로 살아갈 수 있을까? 우선 내가 주인공이라는 사실을 명확히 해야 한다. 주인공의 역할이란 무엇인가. 주인공은 무대를 이끄는 사람이다. 그렇기 때문에 자신감이 있어야만 한다. 자기 신뢰와 사랑이 없으면 주인공이 되는 기본 요건조차 성립이 되지 않는 것이다.

두 번째로 각본가가 되어서 주인공이 어떻게 어느 방향으로 갈지에 대해 정해야만 한다. 삶의 이정표를 정하는 것이다. 내가 어느 것을 우선 가치로 할 것인지를 알아야 한다. 세 번째로는 연출가가 되어서 주인공이 어느 방향으로 가야 할지에 대해 이미지를 확실하게 구축해야 한다. 마지막으로 감독이 되어서 내가 주체적으로 목표를 가지고 제대로 된 이미지로 제대로 연기를 하는지 검토해야 한다.

내가 원하는 미래로 다가서기 위해서는 강력한 의지를 가져야 한다. 어영부영한 마음가짐으로는 아무 것도 할 수 없다. 경쟁을 하라는 것이 아니다. 적어도 내가 원하는 것에 대한 것만큼은 확실해야 한다. 원하는 것이 꿈에 나타나는 것은 그 일면이다. 꿈은 우리의 무의식의 거울이라 한다. 무의식에 나타날 정도의 것이라면 수시로 생각해서 세뇌가 될 정도가 되어야 할 것이다. 그래서 내가 강하게 원하는 것을 어느 상황에서도 해낼 수 있어야 한다. 그게 진짜 세상이라는 무대에서 원하는 삶의 연기를 하는 주인공의 자세일 것이다.

우리는 굉장한 권력자나 법이 어찌 할 수 없을 정도의 부유한 자가 아니라면 대부분 노예의 삶을 산다. 사축, 자본주의의 노예 같은 말이다. 혹은 체면이라는 이유로 남의 눈치를 본다. 노예는 절대로 주체적인 삶을 살 수 없다. 주인이 시키는 대로 해야 의식주가 보장이 된다. 그것이 회사든 자본주의든 혹은 다른 사람의 눈치든 내 의지가 없게 된다. 이들은 의지가 없고 하루살이 같은 한탕주의의 삶을 산다. 왜냐하면 이 한탕이 아니라면 결코 큰 것을 얻을 기회는 다시는 오지 않을 것이라 생각하기 때문이다. 진정으로 주인의 삶을 사는 사람들은 일확천금은 들어와도 그만 안 와도 그만이다. 왜냐하면 그렇게 하지 않아도 내가 원하는 대로 구할 수 있기 때문에 연연해하지 않는다.

나는 한때 하객 알바를 한 적이 있다. 신부나 신랑의 친구처럼 행동하는 아르바이트다. 이때에 상당히 많이 불려 다녔는데, 나의 외모도 그랬지만 나의 반응이 신랑신부에게 꽤 좋았다고 평을 들었기 때문이다. 나는 그들의 정말 친한 지인인 것 마냥 몰입해 연기를 했다. 정말 너무 기뻐서 어쩔 수 없다는 마음가짐을 했다. 그 진심이 전해졌는지, 유독 고맙다는 말을 많이 들었다. 그래서 신랑이나 신부가 하객을 지명할 때는 나를 지목하는 경우도 많았다.

기적을 현실로 만드는 생각의 힘

그리고 내 미래에 대해 그리던 시절에는 정말 바쁘고 의미 있고 남들에게 대우받는 그럴싸한 직업을 가지고 활동하는 것을 강하게 상상했다. 그리고 나는 간호사가 되었다. 생각해보니 어머니는 간호사였고 같은 분야에서 일하고 있었다. 그래서인지 내가 상상했던 그 중심에는 나도 모르게 간호사가 내재되었을 것이고 연상한 것이다. 그때를 상상하면 정말 놀랄 정도로 생생하게 떠올랐다. 지금도 그때 당시의 상상을 하라면 강하게 생각할 수 있을 정도다. 나는 상상할 때 드라마처럼 떠올렸는데 내 상상력과 의식을 고양시켜줄 만한 음악을 틀어놓고 강하게 상상했다. 그러자 나는 곧 내가 만든 드라마의 주인공이 되었다.

나른한 상상으로 성취하라

대부분 무턱대고 상상하라고 하면 어떻게 상상을 해야 할지 몰라 당황한다. 그럴 때는 음악이나 영감을 주는 그림, 영상을 보고 상상하는 것이 도움이 된다. 나는 내가 상상하는 이미지에 해당하는 BGM을 지속적으로 들으면서 하루 최소 30분의 명상 시간을 가졌다. 이때의 내 기분은 정말 상상도 안 될 정도로 고양되었다. 마치 이루어진 것 같은 그 충족감은 글과 말로서는 표현이 되지 않는다. 더 이상 안 해도 될 정도의 탈력감과 안도감이 생겼다. 그때의 나는 정말 방황했고, 처해 있는 상황이 싫었기 때문에 그 느낌은 크게 다가왔다.

원하는 꿈을 이루기 위해 강력한 상상을 할 때는 어찌 할 수 없을 정도의 탈력감이 동반되어야 한다. 이시다 히사쓰구의 저서 『3개의 소원 100 개의 기적』에서도 비슷한 이야기를 한다. 잠재의식은 소원이 이루어지기 전으로 가려는 관성이 있기 때문에 스트레스를 받는다. 그러다가 숨을 참고 소원을 쓰고 숨을 내뱉으면 순간적인 이완 상태가 오게 된다. 이시다는 '스트레스+이완=소원이 이루어짐'이라고 이야기를 한다. 소원이 이루어질 때 이런 느낌이 들 것이기 때문이라고 한다. 비슷한 말을 네빌 고다드 또한 이야기한다. 그는 『5일간의 강의』에서도 비슷한 이야기를 한다. 도저히 어찌할 수 없을 정도로 성관계를 한 후 탈력감이 들 정도의 만족감같이 느껴진다고 말이다.

또한 절대 비웃듯이 장난으로 웃으면서 해서는 안 된다. 그 웃음 자체가 이루어지지 않은 것을 의미한다. 내가 진짜 이루어진 그 순간에서 살고 있는 주인공이라면 진지하게 연기에 임하지 설렁설렁 비웃으며 하지는 않는다. 이것은 매우 중요하다. 보통은 바라는 것을 연기하라고 하면 '되겠어?'라는 생각을 하며 반쯤 비웃으며 시작한다. 그러면 시작점 자체가 '이루어질 수 없다'에 세팅이 되면서 내 인생의 드라마 상영이 시작되는 것이다.

우리가 영화나 드라마를 볼 때 주인공이 연기를 못하면 도저히 몰입하지 못한다. 내 인생 또한 똑같다. 내 인생의 주인공은 나인데, 내가 연기를 못하면 인생 자체에 몰입을 못하게 된다. 내 인생에 재미없는 드라마

기적을 현실로 만드는 생각의 힘

를 보고 싶은가? 그것이 아니라면 내가 즐길 만한 재미있는 시나리오를 당장 짜라. 그리고 시나리오에 몰입할 수 있는 내가 준비가 되어야 한다. 내가 연기를 잘하고 있는지, 어떤 이벤트를 넣어야 할지 감독과 연출자로서 개입해야 한다. 그래야 내 인생 드라마는 맛깔나게 변신이 될 것이다.

더 이상 남의 인생에 들러리가 되지 말자. 지나가는 엑스트라 A가 되지 말자. 이미 충분히 남의 인생에 곁다리로 살아왔다. 그러니까 지금부터는 내 인생을 중심으로 재미있게 살아간다는 생각만 하자. 어차피 남의 인생을 위해 헌신해봤자 세상은 결코 알아주지 않는다. 내 인생을 주체적으로 산 사람만이 이 세상 속 내 인생 드라마가 주목 받을 수 있게 한다. 마치 재미있는 시나리오와 연기 잘하는 배우가 출연하고, 믿음 있는 감독과 화려한 연출이 돋보이는 드라마나 영화만 보듯이 말이다.

인생을 멋대로 사는 것이 아닌 제대로 살아볼 수 있도록 내 무대에 주체적으로 서보자. 열심히 사는 것이 아닌 특별하게 살아보자. 유명한 사람들처럼 살아보자. 왜 그렇게 못 살겠는가? 살 수 있다! 왜냐하면 난 재미있는 내 인생의 주인공이니까!

"내 삶은 성공 그 자체로 나아가고 있다."

내 앞길을 막지 말아주세요. 내 앞에는 성공만 있다고 생각하세요. 실패가 있다고요? 실패가 아닙니다. 성공을 향한 작은 언덕입니다. 눈앞에 성공이 있는데, 작은 언덕이 버겁다고 넘지 않을 겁니까? 당연히 넘어야죠! 바로 눈앞에 성공이 있는데요! 스스로를 믿고 나아가세요!

기적을 현실로 만드는 생각의 힘

4
나는 모든 것을 이룰 권리를 가졌다

인간은 스스로 믿는 대로 된다.
– 안톤 체호프(러시아의 소설가이자 극작가)

모든 것을 이룰 권리를 사용하자

우리는 세상에 원하는 것을 이루기 위해 태어났다. 제멋대로 살기 위해 태어났단 소리는 아니다. 우리의 목적은 보다 높은 곳으로 영적 성장을 이루기 위해 태어난 것이다. 그것은 진정으로 영혼이 원하는 길이며 우주가 제시하는 방향이다. 그러나 대부분의 사람들은 이 고귀한 목적을 잊어버리고 세상을 살아간다.

많은 사람들이 정처 없이 떠도는 이 세상에서, 우리는 태어난 진짜 목적을 깨닫기만 해도 인생의 반을 잘 살아온 것이다. 우리가 '진짜' 원하는 것을 살고 모든 것을 이룰 권리는 우주가 '진짜' 원하는 것이다

나는 어릴 때부터 영혼, 영적 성장, 단전호흡에 관심이 많았다. 내가 처

음 읽었던 이 분야의 책은 7살 때 읽은 『단(丹)』이라는 책이었다. 어린아이가 읽기에는 한없이 어려웠지만 난 그조차도 재미있었다. 그때부터 수행에 관심을 가졌고, 나의 인생 목적의 반은 수행으로 가득 차 있었다. 또한 나와 수행은 뗄 수 없는 관계가 되었다. 그래서였을까? 내 주변에는 이처럼 영적으로 성장을 원하는 사람들이 많았고, 이런 대화를 나누는 것이 결코 어색하지 않았다.

그러다가 점점 커가면서 많은 사람들은 영적 성장에는 관심이 없고 물질적인 것에만 연연해 한다는 것을 알았다. 그것을 나쁘다고 하는 것이 아니다. 나 또한 물질적인 것을 크게 사랑하기 때문이다. 하지만 우리는 내적인 성장 그리고 외적인 성장을 이루기 위해 살아가야 한다는 것을 잊지 않았다.

세상은 풍요로 가득 차 있다. 인류가 번성한 이래로 이처럼 과학이 발달하고 식량이 풍부한 시절은 없었다. 다만 대부분이 나눔을 모르고, 세상의 풍요를 이해하지 못해 누리지 못하는 것뿐이다. 풍요는 물질적 풍요도 있지만 정신적 풍요도 있다. 우리는 둘 다 누릴 권리가 있다.

내가 원하는 것이든 당신이 원하는 것이든, 그 누가 원하는 풍요든 그것은 이루고 누릴 권리가 있다. 그것은 우주가 우리에게 자연스럽게 준 소명과 같다. 하지만 우주는 그저 주지 않는다. 이 풍요에 대한 것을 깨달아야만 준다. 작은 시험인 것이다.

내가 풍요를 얼마만큼 깨달아야만 그에 해당하는 만큼의 풍요가 주어진다. 이것은 마치 은행에서 그 가치를 교환하는 것과 같다. 내가 항상 결핍에 초점이 맞춰져 있다면 우주는 그나마 가진 것조차 앗아가버린다. 더 큰 풍요를 제대로 누리라고 뺏어가는 것이지만 실제 내가 느끼는 것은 있던 것조차 앗아가는 천하의 나쁜 운으로 보게 되는 것이다.

내가 이것에 대해 알게 된 후로 다른 운에 대해서는 꽤 좋았다. 하지만 난 유독 '돈'과 관련 된 것은 그렇지 못했다. 너무 강렬하게 갈망한 나머지 결핍을 느껴버린 것이다. 그러다 보니 이에 대해서는 컨트롤을 제대로 못했다. 결핍과 풍요는 정반대의 개념이다. 그렇기 때문에 결핍을 느끼는 순간 내 곁에는 결핍에 관한 것만 남게 된다. 우주는 자신에게 보내지는 주파수에만 반응하기 때문에 결핍을 느끼게 되면 그것에 반응하고 응답한다. 그래서 내 주변엔 돈이 없었던 것이다. 또한 내 무의식은 항상 '돈이 부족하다'를 기본으로 가지고 있었기 때문에 쉽게 해소하지 못했던 것도 있다.

반면에 다른 것에는 기본적인 풍요를 느끼고 있었고, 집착이 없었다. 그래서였을까. 상당한 풍요를 느꼈었다. 내 성격상 하나에 꽂히면 그것에 집착하는 성격이 있는데 이것이 나를 결핍으로 이끌었던 것이다. 그래서 난 그때마다 EFT 타법이나 명상, 릴리징을 행했다. 사실 대부분은 이렇게만 해도 집착이 사라지는 것을 느꼈다.

균형적인 풍요를 가져라

수행자들은 이렇게 말한다. 그리고 TV에서도 이렇게 표현한다. 속세를 버리고 산에서 자연을 벗 삼아 사는 것이 진짜 행복이 아닐까. 그들의 입장에서는 그게 답일 수도 있겠다. 그러나 내 입장에서는 전혀 반대다. 우리는 더없이 발달된 과학 문명과 함께 살아가고 있고 문명세계에서 그 혜택을 누리고 있다. 나 또한 그렇고 이 속세를 떠날 생각이 없다. 여기서 행복을 느끼는 것이다.

그렇다면 산으로 들어간 수행자들만 제대로 된 수행을 하는 것이고, 나는 그런 것이 아닐까? 아니다. 우리는 어느 곳에서나 삶의 목적을 위해 수행을 할 수 있다. 앉아서 중얼거리고 기도하는 것이 수행이 아니다. 삶의 행위 모든 것 자체가 수행인 것이다. 내가 진심으로 원하는 것을 이루기 위해 매진하는 것이 우주가 원하는 수행의 방식이다. 여기서 내가 풍요의 감정을 더 첨가한다면 물질적 풍요도 따라오게 된다.

이러한 사람들 중 유명한 사람은 『세도나 마음혁명』의 저자 레스터 레븐슨이 있다. 그는 시한부 인생을 선고 받은 후 마음을 정돈하고 깨달아서 물질적, 영적 풍요를 일궈낸 사람이다. 무일푼에서 몇 십 억가량의 돈을 얻었고, 집도 수십 채를 얻었다. 언제나 원하는 것을 얻을 수 있었기에 집착하지 않았다. 그리고 그는 인생의 진짜 목적인 내외적 풍요를 얻고 세상과 이별했다.

기적을 현실로 만드는 생각의 힘

물론 '양쪽의 풍요를 다 누려야 진짜 인생을 살았다.'라고 이야기하진 않겠다. 왜냐하면 사람마다 기본적으로 두는 가치의 비중이 다르기 때문이다. 법륜스님과 같은 분들은 내적 풍요를 중요시하는 분들이다. 그리고 나는 외적 풍요에 치중하는 사람이다. 하지만 중요한 것은 완벽하게 한쪽에만 치우쳐서는 안 된다는 것이다. 시소가 한 쪽으로 완전하게 기울면 그것은 우주가 진정으로 바라는 방향이 아니게 된다.

다시 말하지만 우주가 바라는 나는, 내가 믿는 대로 생활하여 내가 진심으로 원하는 것을 이루어 지구별 여행을 성공적으로 하게 만드는 것이다. 그리고 그 풍요를 다른 이들과 함께 나누는 것을 원한다. 이것이 원하는 대로 살면서 성장을 이루는 방법이다.

건강에 관한 풍요도 마찬가지다. 나는 항상 돈과 건강을 힘들어했는데, 너무 집착을 했기 때문이다. 어릴 때부터 그다지 좋지 못했던 건강은 내가 30대 중반이 되는 이때까지 괴롭히고 있었다. 아프지 않으면 그것에 신기해했고 불안해했다. 건강해도 불안하고 건강하지 않아도 불안하니 나의 몸은 계속해서 불안할 수 있게 불완전해졌다. 게다가 나는 몸이 안좋다는 핑계로 운동도 하지 않았다. 이제는 그것이 말 그대로 핑계라는 것임을 알기 때문에 어떻게든 어떤 방식으로든 운동을 하고 있다.

진짜 내가 원하는 것을 찾게 되면 억지로 풍요를 느끼려 하는 것이 아닌, 진심으로 그 방향으로 가려고 방법을 찾고 행하게 된다. 흔히 말하는

'영감', '마음의 소리'다. 이것은 주파수를 풍요로 돌려야만 가능한 것이다.

풍요는 풍요를 부르고, 결핍은 결핍을 부른다. 우리는 에너지로 이루어진 존재이고 에너지로 이루어진 세상에서 살고 있다. 나도 에너지로 이루어진 존재다. 그래서 에너지 주파수는 항상 어디로든 전달이 된다. 이 에너지는 같은 것끼리 무리를 지으려는 속성이 있다. 나는 항상 내 감정을 체크하며 원하는 것을 하며 살려고 노력한다. 내가 진심으로 원하는 것을 행하며 즐겁게 살아간다면, 그 주파수는 우주에 쏘아져 원하는 것을 다시 돌려준다는 것을 깨달았기 때문이다.

이 세상은 즐거운 것만 하고 살기에도 벅찬 세상이다. 그렇기 때문에 나는 원하는 모든 것을 이루기 위해 즐겁게 감정 주파수를 맞추고 있다. 나의 의욕적인 에너지를 깎는 부정적인 모든 것들을 차단하고 있다. 덕분에 더 좋은 주파수를 보낼 수 있었다.

지금 나는 영적, 물질적 성장을 위해 선한 메신저가 되는 것을 목전에 두고 있다. 이것은 내가 오래 꿈꿔왔던 것이며 결코 이룰 수 없을 것이라 생각했던 꿈이기도 하다. 나는 항상 원하는 것을 품고 살았고, 되도록 이루며 살려 하고 있다. 내가 깨달았던 모든 것들은 내가 태어난 목적을 상기시켜주었고, 단 하나 우주의 선언을 전해들을 수 있었다.

기적을 현실로 만드는 생각의 힘

"당신은 이 세상에 모든 것을 이룰 권리를 가졌다! 진심으로 원하는 것을 행하라!"

● **기적을 일으키는 한마디**

"나는 신성한 풍요로움을 끌어당기는 자석이다."

미다스의 손, 그리고 비웃는 마이너스의 손. 들어보셨어요? 하나는 풍요의 손이고 다른 하나는 결핍의 손길이죠. 내 손이 닿으면 풍요로워진다고 생각해보세요. 내 생각은 풍요를 이끌어오는 자석이라고 생각해보세요. 그리고 즐겨보세요. 그러다 보면 작은 풍요부터 당신의 곁에 자리 잡을 것입니다. 어느새 커다란 풍요도 당신 곁에 자리합니다.

"신이 주신 목소리를 이용하다"
– 테드 윌리엄스

미국의 방송에 한 노숙자가 등장합니다. 그는 재미있는 피켓을 들고 운전자들에게 돈을 받았죠.

"신은 나에게 엄청난 목소리를 주셨다."

호기심을 가진 운전자들은 그에게 일정 금액을 지불했고, 이내 그 노숙자의 입에서는 시원하고 멋진 목소리가 흘러나왔습니다. 마치 라디오 방송에서나 들리는 절도 있고 유려한 성우와 같은 목소리가 나온 것입니다. 그 목소리를 가진 사람은 바로 테드 윌리엄스입니다.

그는 학창 시절 성우들의 목소리를 듣고는 그 자신도 성우의 꿈을 꾸기 시작했죠. 군대를 제대한 뒤에도 성우를 꿈꾸었으나 언젠가부터 마약에 찌들어서 노숙자 생활을 하게 되었습니다. 그는 중년을 1평 남짓한 텐트에서 노숙자로 보냈습니다. 그래도 성우로서의 꿈은 버릴 수가 없었죠.

결국 그는 무기력한 자신을 버리기로 하고 매일같이 목소리를 연마했습니다. 출근자들에게 돈을 받고 재미있는 성우의 목소리를 들려주어 돈을 받고 하루를 생활했습니다. 2011년 지역신문사의 기자가 그의 영상을 유튜브에 올리며 그는 일약 스타가 되어 TV에도 출연하게 됩니다.

그는 매일 아침 사람들에게 광고에서나 나올 법한 목소리를 들려주거나 뉴스 앵커와 같은 목소리를 선보여 마치 라디오를 듣는 듯한 착각이 들게 했습니다. 매우 매력적인 목소리였기에 그 동영상은 미국 전역에 3천만 건의 조회 수를 기록했고 그는 일약 스타덤에 오르게 되어 여기저기에서 섭외 요청을 받게 됩니다. 그리고 뉴스와 광고 등에서도 일자리 제의를 받게 되죠. 그는 그 이후로도 유명 성우로서 자리를 잡게 됩니다. 그는 이제는 미국 젊은이들의 희망이 아이콘이 되었습니다.

노숙자 생활을 하다 보면 자신이 아무것도 할 수 없다는 절망감에 무기력하게 변한다고 합니다. 그도 그런 시절을 보냈습니다. 하지만 마약에 찌들어 노숙자 생활을 하던 테드 윌리엄스는 결코 꿈을 포기하지 않았습니다. 자신의 꿈에 대한 열망이 강했기 때문이죠. 꿈을 쥐고 있는 사람은 결코 좌절하지 않습니다. 자신은 이미 그 꿈을 이룬 상태에서 살고 있기 때문입니다. 꿈을 꾸는 사람들은 앞을 보며 달려야 합니다. 이룬 상태에서 살아야 한다는 것입니다.

인간은 꿈을 꾸었기 때문에 발전할 수 있었습니다. 꿈을 통해서 발전을 이룬 것입니다. 만약 우리에게 미래를 향한 그 열망이 없었다면 아무것도 이룰 수 없이 동물처럼 살았을 것입니다.

지금이 힘든가요? 아무 것도 할 수 없다고 생각하세요? 그렇지 않습니다. 당신은 책을 읽고 생각하고 있습니다. 이미 무언가를 하고 있습니다. 이제 행동을 하세요! 이룬 상태를 보세요!

기적을 현실로 만드는 생각의 힘

5

세상은 내 명령을
기다리고 있다

세상은 당신의 명령을 기다리고 있습니다.

– 네빌 고다드(미국의 형이상학자)

감정은 나를 속이기도 한다

세상의 주인은 나다. 나는 어느 순간부터 이것을 삶의 지침으로 두고
살아왔다. 내가 없으면 내 세계 또한 사라진다고 생각하고 있다. 그래서
나는 내 삶의 줏대의 기준을 가지고 있다. 그렇기 때문에 세상의 주인인
나는 세상에 명령을 내릴 수 있다고 굳게 믿는다. 나는 인생을 주체적으
로 살아가려고 노력했고, 어느 정도는 그렇게 살아왔다. 또한 지구별로
원하는 것을 행하기 위해 태어난 수행자라고 생각했기에, 외적 내적 성장
을 이루려고 부단히 노력했다. 그러나 많이 들었던 소리는 나를 힘 빠지
게 했다.

"세상은 뜻대로 되지 않는다."

"네 생각대로 되는 줄 아느냐."

"하고 싶은 대로 살 수 없다. 다 싫은 것 참고 하는 것이다."

"세상은 편하게 살 수 없다."

정말 세뇌처럼 들었고, 세뇌가 되었다. 하지만 나는 이 거대한 세뇌의 족쇄를 벗어나려고 발버둥을 쳤다. 그만큼 인식의 벽은 컸다. 내 외적인 의식은 내 뜻대로 살 수 있고, 생각대로 살 수 있다고 이야기한다. 그러나 내 깊은 무의식은 여전히 세뇌된 그대로 행하길 원했다. 그것이 내가 세상의 주인이 아니라는 것을 이야기했다. 내 무의식과 외적 의식이 따로 놀고 있었던 것이다.

나는 이루고 싶은 것이 많았으나 세상의 부정적인 면때문에 내 스스로 한계를 두고 살았다. 이것 자체가 나를 노예로 규정한 것과 같았다. 그러면 내가 세상의 주인이 되려면 어떻게 살아야 할까? 인식을 전환해야 한다. 내 외부적 생각을 바꾸는 것은 물론 환경도 바꿔야 한다. 또한 내적 무의식도 바꿔야 한다. 사실 대부분은 '무의식을 바꾸는 것이 어렵지, 다른 것을 바꾸는 것이 어렵겠어?'라고 생각한다. 그러나 그렇지 않다. 기본적으로 부정적인 생각을 가진 사람은 외적 생각조차 바꾸는 것을 힘들어한다. 너무 심하게 부정적인 사람은 자신이 놓인 부정적 상태에 대해 인

기적을 현실로 만드는 생각의 힘

식조차 못 하며 그것을 바꿔야 하는 당위성도 느끼질 못한다. 이런 사람은 긍정적으로 변화하려는 사람의 의지조차 꺾어버리는 드림 킬러가 된다. 그들이 의도해서 그런 것이 아니라 부정적인 감정이 그렇게 하도록 명령하는 것이다.

이처럼 나는 내 감정의 주인조차 되지 못하는데 어떻게 세상의 주인이 되어 명령을 하는지에 대해 의문을 가질 것이다. 내 감정은 내가 가고 있는 방향을 알려주는 훌륭한 나침반이다. 이것은 내가 잘못된 방향으로 가면 거세게 경종을 울린다. 이때 감정에 대해 연습이 되어 있다면 잘못된 경종을 알아채고 방향을 틀 수 있다. 하지만 내 감정에 휘둘린다면 감정은 나를 속인다. 이 길이 진짜라고 나를 설득한다. 부정적인 감정에 놓인 사람들이 자신을 현실주의자라고 믿으며 사는 것은 감정의 속임수에 당했기 때문이다.

내가 드림 킬러가 되지 않고 원하는 꿈을 이루기 위해서는 감정을 통제할 줄 알아야 한다. 내가 세상의 주인이 되기 위한 가장 기본적인 것이기 때문이다. 감정은 세상의 주인이 되는 열쇠와도 같다. 이것에 모든 해결책이 들어 있다. 냉정하게 행동하라는 말이 아니다. 때로는 냉정함이 필요하겠지만, 사실은 내 감정이 말하고자 하는 것을 알아차리는 것이 가장 중요하다. 내가 현재 무엇을 느끼고 있는지, 나는 지금 무엇을 하는지 일치하는 것을 보아야 한다.

나는 주식으로 크게 망했는데, 이때 나는 감정이 말하는 것을 무시했다. 감정은 나에게 지금 당장 주식을 빼라고 빚을 지지 말라고 끊임없이 신호를 보냈다. 다만 나는 잘못된 심상화로 그것을 알아차리지 못하고 주식 폭락장과 더불어 더 큰 빚을 불러오게 된 것이다. 이로 인해 나는 힘든 시간과 감정을 보내게 되었다. 그리고 내 가족들에게 돌이킬 수 없는 상처를 주게 되었다. 내가 만약 이때 감정이 말하는 신호를 알아듣고 통제를 했다면 나는 비로소 주인으로 인정받고 설 수 있었을 것이다. 그렇지만 나는 통제하지 못하는 감정을 가지고 주인 행세를 했기 때문에 거하게 뒤통수를 맞게 되었다.

감정에서의 상상을 하라

나는 그 후 내 감정을 통제하는 데 심력을 쏟았고 수행을 했다. 내가 세상의 주인으로 긍정적으로 삶을 펼칠 수 있다는 것을 끊임없이 자기 세뇌를 했다. 인간관계를 행할 때도 마찬가지였다. 나는 정말 인간관계가 너무 힘든 사람 중의 하나였다. 사람들과 함께할 때마다 느꼈던 감정의 지시를 이해하지 못했다. 그러나 이제는 이해할 수 있고 어느 정도 통제가 가능하다. 그리고 지금의 인간관계는 내 인생에서 최대의 좋은 인간관계를 누리게 되었다.

감정은 깊은 바다의 풍랑과 같다. 이것을 통제하지 못한다면 거센 폭풍을 만들고 그 위의 모든 것들을 부숴버린다. 마치 잔잔한 바다인 것처럼 하다가 순식간에 거대한 파도를 만들어 집어삼키기도 한다.

감정은 반드시 신호를 준다. 불안감이든 초조함이든, 기쁨이든 슬픔이든. 왜 이 감정을 느껴야 하는지, 감정이 내게 말하고자 하는 것이 무엇인지 알아채야 한다. 주인은 항상 모든 것을 알아챌 수 있어야 하고 통제할 수 있어야 한다. 감정에게도 같이 적용이 되어야 한다.

그 감정이 자기 세뇌의 열쇠다. 외부적 감정조차 느끼질 못하면 내부적 감정은 결코 변하질 않는다. 진짜 변화는 내부적 감정에서 시작하는 것이 맞지만 그 도화선은 외부적 감정이다. 그것을 빨리 알아채고 조타를 돌려야지 빙산과 부딪치는 것을 막을 수 있게 된다.

감정을 충분히 연습하게 된 후로 나는 내가 감정의 주인이 되었음을 선언했다. 감정은 이제 거의 내 통제 아래 속하게 되었고, 더 이상 나를 속이지 못하게 되었다. 이제야 내가 세상의 주인임을 선포할 수 있는 자격이 생긴 것이다. 그때부터 나는 내가 원하는 것을 마음껏 상상했다. 상상은 내게 허락된 가장 큰 자유이며 누구도 침범할 수 없는 나의 고유 영역이다. 이곳에서 일어나는 것은 오롯하게 나에게만 속하게 되는 것이다. 여기에 나의 감정을 현실에서 일어나는 것처럼 진심으로 삽입할 수 있게 되면 그 상상은 기적처럼 현실로 이루어지게 된다. 이것이 주인이 세상에 명령해서 이루어지는 마법이다.

상상력의 대가, 미국 형이상학의 대가인 네빌 고다드는 "자신의 감각을 나라고 생각하지 않고, 자신의 상상력이 나라고 생각한다면 종국에는 현실을 이루고 있는 본질을 발견하게 될 것입니다."라고 말한다. 자신의 통제된 상상으로 확신을 가지고 이미 이룬 것처럼 생생하게 산다면 세상은 나의 명령을 받아들이고 그에 대답을 주게 된다고 했다. 그리고 소망이 오지 않았더라도 이미 소망에서 사는 것처럼 결과에서 살라고 했다. 이것은 『시크릿』에서도 마찬가지로 말했던 부분이다. 원하는 것을 생생하게 구하고, 이미 이룬 상태에서 사는 듯 요청하며, 그것을 기다리기만 하면 된다고 했다. 이것은 램프의 지니에게 명령하는 것처럼 표현이 되었는데, 그것이 바로 내가 세상에 명령을 내리는 것과 일맥상통한다고 보면 된다.

세상은 명령을 기다리는 지니와 같다. 무엇이든 이루어줄 수 있지만 지니의 존재 자체를 이해하지 못하기 때문에 명령을 내리지를 못한다. 내가 원하는 것을 받을 준비가 안 되었기 때문에 요구를 하지 못하는 것이다. 진심으로 세상의 주인이 되어 인생을 주체적으로 살고 싶다면 감정이 주는 신호를 깨닫고 영감이 주는 신호대로 행해야 한다. 또한 나를 조종하려 드는 감정을 제대로 통제하여 원하는 감정 상태에서 원하는 것을 누리는 것을 생생하게 떠올려야 한다. 그렇게 한다면 나는 진짜 주인이 되어 내가 원하는 대로 세상에 명령을 내리고 인생을 이끌게 될 것이다.

기적을 현실로 만드는 생각의 힘

"나는 내 자신이 번영을 누릴 수 있도록 허락해준다."

허락하세요. 당신이 누릴 것에 대해 관용을 베푸세요. 스스로를 제약하지 마세요. 당신은 당신의 모든 것을 가지고 누릴 권리가 있습니다. 나에게 모든 풍요가 들어오는 것을, 내가 모든 번영을 가질 수 있도록 스스로의 빗장을 열어 허락하세요. 그러면 우물쭈물하던 풍요는 슬며시 당신에게 스며듭니다.

6

지금은 꿈을 이루기 위한
과정이다

무엇이라도 꿈을 꿀 수 있다면, 그것을 실행하는 것 역시 가능하다.
— 월트 디즈니(미국의 만화영화 제작자)

꿈속의 현재를 살라

우리는 현실이라는 세상에서 긴 꿈을 꾸고 있다. 하지만 그 꿈은 너무나도 생생해서 내가 진짜라고 인식을 하게 된다. 세포는 각각의 의지가 있다고 한다. 그래서 마치 생명체처럼 느껴진다고 한다. 동양에서는 인간을 소우주라고 표현했다. 천문학에서는 우주를 합치면 인간의 형상이 나온다, 시냅스의 연결처럼 보인다는 이야기를 한다. 이처럼 우주와 우리는 떼 놓을 수 없는 관계를 가진다.

이것이 과연 꿈과 현실과 어떤 상관관계를 가지는 것일까? 우주가 인간처럼 보이고 시냅스처럼 보인다는 것은 우리가 사는 우주조차 누군가의 신경세포라고 상상할 수도 있다. 이처럼 인간과 우주의 관계는 참으로 설명할 수 없을 정도로 신비함으로 가득 차 있다. 만약 누군가의 세포, 시냅스가 우리의 우주와 같다면 이곳이 마치 꿈처럼 느껴질 수도 있다. 그렇기 때문에 우리의 꿈은 더 이루기가 쉽다.

흔히 '꿈결 같은 인생'이라는 표현을 쓴다. 보통은 인생이 더 없이 무상함을 느낄 때 그런 의미를 사용한다. 그러나 나의 생각은 조금 다르다. 내가 떠올리는 꿈은 희망과 다름없다. 그렇기 때문에 나에게 있어 꿈결 같은 인생은 즐겁고 희망찬 인생을 말하는 것과 크게 다르지 않다. 나는 '꿈'을 떠올리면 내가 바라는 것을 이룬 미래를 떠올린다. 그리고 그 꿈을 이루려면 어떻게 해야 할까 고민도 많이 했다.

많은 사람들이 피가 나도록 노력을 하고 있다. 노력은 중요하다. 나도 내 미래를 위해 많은 것을 준비하고 노력하고 있다. 하지만 노력만 해서는 안 된다. 특별하게 살아야 한다. 왜냐하면 이제 노력만으로는 원하는 것을 이루는 시대는 끝났기 때문이다. 무언가 독특한 자신만의 아이템을 가지지 않고서는 더 이상 이 세상을 원하는 대로 살 수가 없게 되었다.

꿈처럼 느껴지는 인생을 원하는 대로 사는 것은 쉬운데 어떻게 해야 그렇게 될까? 바로 내 생각, 상상에 달려 있다. 내가 원하는 인생을 결과만 보고 꿈이 아닌 현실처럼 느껴질 때까지 상상을 해야 한다. 나는 너무 간절하게 원한 나머지 가끔 착각할 정도로 꿈을 느낀 적이 있었다. 그런 경우 반드시 현실에서 겪게 되는 일이 종종 있었다. 그렇기 때문에 꿈과 현실은 동일하다고 생각한다.

그러면 어떻게 해야 꿈을 현실처럼 생생하게 느끼게 될까? 우선 정말 간절한 마음이 필요하다. 그 어떤 것이라도 내 소망이 간절하지 않으면 그것은 절대로 현실에 구현되지 않는다. 운동선수들이 흔히 하는 훈련 방법 중에 상상기법이 있는데, 바로 이와 같다. 너무나도 간절하게 원하고 운동 경기가 열리는 시점으로 생각을 옮겨서 마치 진심으로 경기에서 이룬 것처럼 오감이 느껴질 정도로 상상하는 것이다. 그래서 그들은 그 당연함을 믿고 연습에 임했다.

이 기법은 장미란 선수를 비롯한 김연아 선수가 자주 사용했고 효과적이었음을 증명하기도 했다. 그들은 자신이 이미 우승했다는 것을 당연하게 여기고 그에 맞춰서 연습으로 실력을 올린 것이다. 확신을 가진 꿈은 이처럼 현실로 당당하게 나타난다.

내가 꿈을 그저 꿈으로 치부하지 않고 이미 이루어진 것처럼 강한 확신을 가지고 행동하면 영감은 내게 보다 더 나은 길을 제시해준다. 나 또한 그저 막연하게 편입 공부를 하던 시절에는 내가 무엇을 해야 할지에 대한 확신이 없었다. 그래서 일단 내가 바라는 미래를 어렴풋이 그러나 이미 된 것처럼 강하게 상상하려고 부단히 노력했다. 빠르게 움직여야 하는 바쁜 직업군이고 남들의 인정을 받아야 했으며 전문직이어야 했다. 내가 생각한 상상은 이것이 다였다. 조금 다른 점은 내 상상은 정장을 입었지만, 현재의 나는 유니폼을 입는다는 것이다.

나는 정말 간호사가 되기 싫었다. 내 어머니가 간호사였지만 나는 20살

때부터 간호사가 되기를 거부했다. 그러나 편입 공부를 하던 시절 상상은 지속적으로 했었다. 어느 날 편입에 대한 자료를 보는데 우연히 간호대학이 눈에 띄었다. 평소의 나라면 보지도 않고 넘겼을 자료였다. 너무나도 피를 보는 것이 싫었고, 주사도 싫었다. 그래서 나조차 그 자료를 그냥 버리려고 했다. 하지만 왜인지 계속해서 내 시선을 끌었고 결국 내 느낌은 나로 하여금 간호대 편입에 대해 알아보도록 재촉했다. 그리고 나는 간호대에 편입하여 간호사가 되어 내가 상상했던 바쁘고 인정받는 전문직을 가지게 되었다.

영감은 반드시 내게 행동으로 옮기도록 재촉한다. 그것은 거부할 수 없는 느낌이다. 내가 꿈을 진심으로 원하고 상상하면 영감은 반드시 발동된다. 거부할 수 없는 위력이 발휘되는 것이다. 그리고 나로 하여금 내게 최적의 길을 갈 수 있게 만든다. 또한 영감이 재촉하는 것을 행할 경우 나의 느낌은 평온해진다. 또한 당연히 그렇게 해야 할 당위성을 주기 때문에 더욱 믿음에 확신을 주게 된다.

영감이 제시하는 길을 가야 한다

누구나 가슴 깊은 곳에 꿈을 가지고 있다. 그러나 그것이 꿈에 나타날 정도로 간절하게 바란 적이 있는가? 간절히 바랐다면 내 깊은 곳에서 알려주는 영감을 따라 행동했는가? 그러면 그것은 꼭 이루어질 것이다. 그러나 영감이 떠오르지 않았다면 결코 간절하게 바란 것이 아니라고 난 확신 있게 말할 수 있다. 영감은 자신을 거부하는 것을 용납하지 못한다. 반드시 어떻게든 그것을 하도록 만든다. 거부할 경우 내가 의도한 바와는 다르게 상상도 할 수 없는 일을 주기도 한다. 영감이 떠올랐을 때 행하는 경우는 더없이 평온한 마음의 일치를 얻지만, 반대로 행할 경우에는 불안감과 초조감이 떠오른다.

나는 이것을 무시하고 부자가 되는 꿈을 꾸며 주식을 했기 때문에 파멸을 막지 못했다. 내 영감은 계속해서 주식을 빼고 더 이상 빚을 만들지 말라고 나를 재촉했다. 그러나 나의 에고는 계속해서 해야 한다고 나를 설득했다. 결국 나는 커다란 불안감을 안고서도 주식을 했고, 바닥까지 나를 끌어내리게 하는 커다란 사건을 만들게 되었다. 지금도 '그때 영감이 말하는 것을 따랐다면 지금의 나는 어땠을까?'라는 생각도 해본다.

그러면 영감이 제시하는 방향을 제대로 알려면 어떻게 해야 할까? 어떻게 해야 꿈을 생생하게 느낄 수 있을까? 우선 강하게 바라야 한다. 이 것이 전제되지 않으면 그 무엇도 제대로 할 수 없다. 매일같이 시간을 할애해서 이것에 대해 골똘히 몰두할 수 있어야 한다. 내가 진정으로 바라는 데 단 30분도 할애를 못하는 것은 말이 되지 않는다. 연애하고 TV를 보고 게임을 할 시간이 있으면서 내가 바라는 꿈을 생각하기 위해 저 시간도 할애를 못 한다면 감히 꿈을 간절히 바란다는 소리를 하지 말자.

강한 바람을 가졌으면 이번에는 미래로 생각을 돌려서 그곳에서 시작

기적을 현실로 만드는 생각의 힘

해야 한다. 결과를 이미 이룬 것처럼 원하는 것을 연기해야 한다. 내가 현실로 착각하는 것처럼! 단순히 생각을 해서는 안 된다. 오감, 육감을 동원하여 현실로 착각이 될 정도가 되어야 한다. 그리고 그렇게 생생하게 상상했으면 어느 순간 거부할 수 없는 어떤 생각이 떠오르게 된다. 그 생각이 시키는 대로 따랐을 경우 더없이 편안함을 느낀다면 그것은 영감이 맞다. 그대로 행하면 되는 것이다. 그러나 그 생각이 말하는 것과 다르게 움직였을 경우 불안감이 든다면 다시 생각해보아야 한다. 왜냐하면 영감이 알려주는 것과 다른 방향으로 가기 때문이다.

이처럼 느낌과 감정은 내가 가야 할 방향을 정확히 제시해준다. 꿈을 현실로 이끄는 이정표 역할을 한다. 꿈을 꿈대로 놔두고 싶다면 생각도 하지 말고 그냥 놔둬라. 다만 꿈을 현실로 바꾸고자 한다면 당장 꿈에 대해 몰두하며 생각하고 상상하라! 그리고 영감이 알려주는 대로 움직인다면 반드시 내가 바라는 꿈은 어느새 현실로 와 있을 것이다.

"나는 내 나이와 관계없이 늘 아름답고 힘이 있다."

건강에 대한 걱정을 하시나요? 당신의 전성기 시절 건강은 어땠나요? 골골거리고 쳐지는 자신을 느낄 때마다 전성기가 떠오르죠? 그럴 때는 전성기의 자신을 떠올리세요. 그리고 그 시절인 것처럼 느끼고 행동하세요. 그러면 세월도 빗겨나가고 건강은 돌아옵니다. 미국에서 20년 전의 체험을 한 노인들이 20년 전의 건강을 회복했다는 연구가 있었죠. 건강도 아름다움도 내 생각에서 옵니다.

7
세상은 의외로
늘 아름답다

미래를 예측하는 최선의 방법은 미래를 창조하는 것이다.
— 알랜 케이(미국의 컴퓨터 과학자)

풍요를 상상하라

우리는 힘든 시대에 살고 있다고 한다. 그렇지 않다. 내 삶이 힘들다고 느껴질 뿐, 현 인류는 역사상 가장 풍요로운 시대를 영위하고 있다. 힘들게 사는 것은 내 곁에 풍요를 잃어버렸기 때문이다. 풍요는 절대 나눌 수 없고 풍요로운 삶은 절대적인 양만 있다고 생각하기 때문이다. 그러나 풍요는 무한하며 모두와 나누고도 남는다. 다만 그렇게 느끼는 것은 대다수가 풍요는 일부만 누릴 수 있는 절대적 가치라고 생각한다.

만약 풍요가 정해져 있다면 가난한 흙수저는 절대 그 계층을 탈피할 수 없을 것이다. 나는 이것을 극복한 한 사람을 알고 있다. 그는 〈한책협〉의 김태광 대표다. 그는 매우 가난한 가정에서 자랐으며 IQ도 89에 불과했다. 그가 자란 환경이나 살아온 환경, 스펙을 본다면 결코 객관적으로 성공과는 거리가 먼 사람이었다. 하지만 그는 자산이 100억이나 되는 거부가 되었으며 많은 사람에게 영향력을 발휘하는 작가이자 동기부여가가 되었다. 그는 항상 자신이 풍요롭다고 믿으며 살아왔다고 한다. 또한 자신의 꿈에 대해 비웃는 이들에게 보란 듯이 성공하는 것을 보여주는 상상을 생생하게 느꼈다고 한다. 결국에 그는 멋지게 성공했고 누구에게나 자랑할 수 있는 사람이 되었다.

김태광 대표는 항상 풍요는 우리 곁에 널려 있으며 그것을 단지 사용할 줄 모른다고 이야기 한다. 나 또한 그렇게 생각한다. 풍요의 아이템은 항상 널려 있다. 다만 저것을 사용해야 할 사람이 나라는 것을 인식하지 못할 뿐이다. 내가 결핍에 초점을 맞추면 풍요로 다시 돌리기가 어렵다.

뉴스를 보면 참 어둡고 힘든 이야기가 많이 나온다. 그러나 그것에 초점을 맞추면 나의 주파수 또한 어둡고 힘들다는 것을 송출하게 된다. 대부분의 사람들은 어떤 안 좋은 것, 결핍에 초점을 맞추고 그것이 당연하다 여기며 벗어나면 큰일난다고 생각한다. 나는 이들과 함께하는 것을 거부하기로 했다. 세상은 아름다운 것만 보기에도 짧다. 내가 충분히 아름답게 몰두하고 자아를 이룰 수 있는 것들이 천지에 널려 있는데 왜 어둡고 힘든 이야기를 듣고 행하면서 살아야 할까? 그러면 이런 말을 하는 사람이 있다.

"지금 이렇게 삶이 힘들고 팍팍한데 어찌 긍정적으로 생각하는가? 나는 하루하루가 힘들다."

그럼 난 다시 되묻고 싶다.

"그러면 당신은 그것에서 벗어나기 위해 무엇을 생각했는가?"

우리는 상상의 존재며 생생한 꿈을 걷는 여행자다. 긍정적으로 현재에 풍요로움을 살고 있다고 강하게 느껴야 그 삶에서 벗어날 수 있다. 어려운 상황에서 어떻게 현재 풍요로움을 살고 있다고 느낄 수 있는지 되물을 수 있다. 우리는 삶이 아무리 어려워도 육체가 힘들어도 상상만큼은 자유롭게 할 수 있는 존재다. 당신이 아무리 삶이 어려워도 상상은 할 수 있다. 상상은 자유로운 나만의 것이기 때문이다. 상상을 할 수 없는 장애를 가지고 있는가? 그것이 아니라면 당장 상상하라. 눈을 감고 오감을 동원해서 자신이 바라는 풍요로움을 느껴봐라. 그것을 지속적으로 해봐야 한다. 단지 해보지도 않고서 결핍을 논하기엔 삶은 짧다.

지구별에 자아실현을 하러왔다

세상은 우주의 꿈이 빚어낸 완벽한 아름다움을 가진 수행의 공간이다. 이곳에서 내가 원하는 자아실현을 할 수 있다. 이토록 아름다운 세상에서 결핍 하나만을 바라보기는 슬프지 않겠는가? 즐거운 것만을 상상하기에도 벅차지 않는가? 그래서 나는 비전보드를 만들었고, 그것을 보며 즐거운 상상을 하고 있다.

상상은 자유다. 어떠한 엉뚱한 상상을 하더라도 그것은 나의 자유이며 누구도 침범할 수 없는 강한 권리다. 이곳에서 나는 신과 같다. 완벽한 나만의 세상인 것이다. 이토록 나만의 아름다운 세상을 누리고 이것을 외부적으로 누리고 싶지 않는가? 나는 누리고 싶다. 이 세상을 한껏 즐기고 싶다. 세상엔 해야 할 것도 많고 누릴 것도 많다. 우리는, 나는 세상을 고통스럽게 살기 위해 태어난 것이 아니다.

즐겁게 상상해보자. 나는 비전보드를 보며 매일 집에서 시간을 보낼 때마다 상상에 푹 빠진다. 내가 상상을 하게 되면 나에게 뭐라고 하는 사람도 없고 그 누구도 나를 침범할 수 없게 된다. 상상은 온전한 나만의 영역이다. 내가 바라는 아름다운 세상이 내 상상 속에 깃들어 있다. 그곳에서 나는 풍요로운 부자며 멋진 남편도 있다. 잘 빠진 차를 가지고 드라이브도 가며 내가 원하는 시간에 일을 하고 여행을 간다. 이것을 상상에서 이룰 수 있다.

다만 멋진 상상을 현실로 만들고 싶다면 그것이 현실로 착각될 정도로 생생하게 이미 이룬 것처럼 해야 한다. 그리고 내 영감이 지시하는 대로 행동을 해야 한다. 진실로 상상을 받아들인다면 내 영감은 가야 할 방향을 알려줄 것이다.

기적을 현실로 만드는 생각의 힘

나는 항상 내가 전생과 현생에 죄를 지었기 때문에 내 딴에는 삶이 힘들다고 생각했다. 세상은 힘들기 때문에 돈을 벌기도 힘들고 내가 원하는 대로 살기 힘들다고 들어왔고, 그렇게 생각했다. 그러나 이제는 그것이 거짓이라는 것을 안다. 내가 느끼지 못할 뿐이지 아름답고 풍요로운 세상은 언제나 내 곁에 있다. 마치 파랑새처럼 말이다.

소소한 것에 행복과 깊은 만족감과 감사를 느끼고, 보다 나은 삶을 향해 노력을 한다면 더 큰 것은 찾아온다. 감사를 다 하는 삶은 더 큰 감사를 부른다. 그래서 난 항상 감사를 이야기한다. 아름다운 세상에 살면 그 누구라도 감사하지 않을 수 없다. 풍요와 감사는 항상 함께하는 쌍둥이와 같다. 감사를 느끼지 못하면 결코 풍요는 다가오지 않는다.

'소확행'이라는 말이 있다. 소소하지만 확실한 행복. 맞다. 이 작은 행복에서 감사를 느껴야 한다. 하지만 인간은 발전하는 존재이기 때문에 그곳에 머무르기만 해서는 안 된다. 행복을 느꼈다면 더 큰 행복을 위해 움직이고 느껴야 한다. 제자리에만 머문다면 발전이 없고, 결국은 내 뇌는 다시금 지루함을 느끼게 될 것이다.

내가 원하는 삶을 살기 위해서는 끊임없이 내 뇌를 자극하며 상상하고 그 이상의 행복을 찾아야 하고 발전시켜야 한다. 우리는 진화하는 존재이고 나 또한 진화한다. 미래를 바라보고 긍정적으로 살아야 발전이 있다. 세상이 어둡고 힘들다고 불평만 하지 말자. 없다면 있는 것에 감사하자.

아픈 곳이 있다면 아프지 않은 곳에 감사하자. 결핍을 느낀다면 내가 가진 풍요에 시선을 돌려보자.

　내가 지금 하고 있는 것은 돈에 대한 집착을 버리는 것이다. 나는 너무나도 깊이 돈을 갈망했기에 상당한 결핍을 느꼈다. 돈의 입장에서는 스토킹처럼 느껴져 내 곁에 오기가 싫었을 것이다. 그래서 돈이 싫어하는 나를 놓아버리는 연습을 하고 있다. 돈에 집착할 정도로 나는 돈에 만족감을 느끼지 못했고 그래서 결핍은 항상 나를 덮쳤다. 그러한 상황이었기 때문에 나는 더 큰 갈망을 가졌고 더 큰 결핍을 느꼈다. 계속 이런 식의 악순환이 되었음을 알았기 때문이다. 내가 돈에 대해 진정한 풍요를 느낄 수 있다면 돈은 서서히 내 곁에서 풍요의 노래를 부를 것이다. 내가 다른 것에 커다란 풍요를 느낄 수 있었던 것처럼 말이다.

　아름다운 파랑새를 멀리서 찾으려 하지 말자. 이 아름다운 세상, 내 곁에 항상 파랑새가 있다. 그것은 내가 곁에 있다고 노래를 부른다. 다만 내가 알아채지 못할 뿐이다. 그것을 제대로 알아챈다면 결국은 내가 상상하는 대로 미래를 창조한다는 것을 깨달을 것이다.

기적을 현실로 만드는 생각의 힘

"나는 나에게 변화의 힘이 있다는 것을 믿는다."

나를 변화시키는 것은 다름 아닌 스스로입니다. 아무도 나를 변화시킬 수 없죠. 외부의 요인으로 내가 변했다고요? 아닙니다. 외부의 요인은 계기일 뿐, 그로 인해 변한 것은 스스로입니다. 계기로 인하여 내 생각이 변화를 일으킨 것이죠. 좋은 변화를 겪고 싶은 건가요? 그러면 자신의 생각을 변화시켜보세요.

"원하는 결과로부터 시작하라!"
– 〈한국책쓰기1인창업코칭협회〉 김태광 대표

〈한국책쓰기1인창업코칭협회〉의 김태광 대표는 가난한 집안에서 힘겹게 살았습니다. 그는 항상 작가의 꿈을 가지고 있었지만 번번이 출판사로부터 퇴짜를 맞았죠. 하지만 포기하지 않았습니다. 자신의 꿈을 비웃는 사람들의 말을 귀담아듣지 않고 오히려 자신의 꿈을 한 번 더 다짐했습니다. '반드시 성공해서 비웃는 사람들에게 보여주리라.' 그리고 결국은 꿈은 그가 가야 할 길을 제시해주었습니다.

또한 자신의 꿈을 무시하는 모든 것을 차단했습니다. 나의 소망을 무시하는 드림 킬러들과 함께하면 무너집니다. 나의 꿈을 지지하는 사람들과 함께해야 합니다. 그래야 시너지 효과가 일어납니다. 성공의 주파수가 맞춰집니다. 그는 그렇게 하기 위해 자신의 꿈을 짓밟는 사람들을 모두 차단했습니다. 나를 교묘한 말로, 또는 대놓고 누르려 하고 방해하는 사람들을 드림 킬러라고 합니다. 드림 킬러는 걱정이라는 포장으로 정신을 뭉개죠. 김 대표 또한 이런 드림 킬러로 인해 많이 힘들어 했습니다. 그렇지만 과거로부터 자신을 분리한다는 생각으로 오직 원하는 미래만 바라봤

기적을 현실로 만드는 생각의 힘

습니다. 이제 그는 대한민국에서 몇 없는 100억대의 부자입니다. 그는 이 야기합니다.

"지금 내가 이룬 풍요는 한순간에 이루어진 것입니다. 나는 오직 내가 이룰 그것만 집중하고 이미 이룬 것처럼 행동했습니다."

오랜 시간 동안 성공을 이루지 못한다고 좌절하지 마세요. 그 순간 당신의 꿈은 퇴보합니다. 오직 이룬 것처럼 행동하고 나아가세요. 원래 꿈은 한순간에 이루어집니다. 당신이 전혀 생각하지도 못하는 방향으로 영감을 제시합니다.

또 누가 자신의 꿈을 이해해주지 못하고 깎아내린다고 힘들어하지 마세요. 어차피 그 사람들은 다른 사람들에게도 똑같이 행동합니다. 나에게만 그런 것이 아니기 때문에 그냥 무시하세요. 〈알라딘〉에서도 그렇잖아요. 자스민은 자신이 술탄이 되고 싶어 합니다. 그래서 알라딘에게 묻죠.

"너도 내가 술탄이 될 수 없다고 생각해?"

그러자 알라딘이 쿨하게 대답하죠.

"내 생각이 중요해?"

다른 사람의 생각이 중요해요? 내 인생에서는 내 생각이 가장 우선이 됩니다. 걱정 마세요. 자신의 꿈에 확신을 가지세요. 실패는 확신이 없음에서 오는 것입니다. 확신은 이미 이루어진 결과입니다. 꿈을 이룬 사람들은 이미 이루어진 결과에서 삽니다. 현재 눈앞에 있지 않다고 해서 좌절하지 않습니다. 통장의 돈이 눈에 보이지 않는다고 내가 빈털터리라고 생각하지 않습니다. 이미 가지고 있기 때문에 일에 매진할 수 있습니다. 당연하게 생각하고 전진하세요. 김태광 대표는 한결같이 말합니다.

"이룬 결과로부터 시작하세요."

내가 이미 가진 상태의 감정을 가지고 시작하세요. 뿌듯함, 풍요로움, 만족감. 그 감정들은 당신을 꿈에 다가가게 할 것입니다.

기적을 현실로 만드는 생각의 힘

인생을 역전시키는 내 안의 힘

나는 여러 사례들을 수집하고 책들을 읽으면서 내 내면이 더 성장함을 느꼈다. 성공학은 유인력의 법칙과 맞닿아 있었다. 성공자들은 모두 자신이 하고 싶어 하는 일을 적극적으로 했기 때문에 성공한 사람이다. 자신의 분야를 철저하게 복기했기 때문에 성공한 것이다. 결코 남과 같이 해서는 안 된다.

열심히 산 사람들은 많다. 그러나 특별하게 사는 사람은 흔치 않다. 나는 내 나름대로 열심히 살았다. 이렇게 누구나 열심히 사는 시대에 그냥 저냥 열심히 사는 사람은 두각을 내지 못한다. 월급도 그저 그렇다. 그리고 평생 월급쟁이로 살거나 그냥 자영업자로 살게 된다. 나는 이 지루한 삶이 너무 싫었다. 누구나 똑같은 생각이겠지만 내가 원하는 삶을 주체적으로 이끌고 싶었다. 그것은 책을 쓰면서 욕망이 강해졌다.

사람은 누구나 자신의 인생을 주체적으로 이끌고 싶어 하고, 미래를 바라는 곳으로 이끌어 가고자 한다. 하지만 대부분은 현대 자본주의의 노예가 되어 회사에 얽매여 살고 있다. 나는 성공자들의 법칙과 유인력의 법칙을 알게 된 후로 그들을 따라하고 법칙에 맡기기로 했다. 그 결과는 오래 지나지 않아 나타났다. 바로 내가 책을 쓰고 출판도 한다는 것이 그 증거다. 20년 이상 가져온 꿈이다. 아무리 1인 출판이 대세라지만 난 독립 출판은 싫었다. 제대로 출판사와 계약해서 책을 내고 싶었다.

유인력은 정말 적절한 때에 원하는 것을 주는 것 같다. 나는 절망을 가지고 있었고, 유인력의 법칙에 대해 의문을 가지고 있었다. 그러나 유튜브에서 예전 같았으면 대충 보았을 영상을 아무 생각 없이 유심히 보았을 때, 유인력은 작용함을 다시 확인했다. 내가 처음 유튜브에서 '김도사 TV', '네빌고다드 TV'를 볼 때는 '뭐야? 이상한 사람이잖아?'라고 생각했던 것이 기억났다. 그래서 나는 그 채널을 한동안 보지 않았다. 어느 날 문득 다시 보았을 때 유인력은 그때 작용했다. 아무 생각 없이 〈한책협〉 카페에 가입을 했고, 아무 생각 없이 카페의 글을 쭉 읽어봤다. 난 카페의 글을 유심히 보는 편이 아니기 때문에 이건 정말 이상한 일이었다. 그곳의 수많은 성공 사례를 보면서 나는 갑작스럽게 성공에 대한 확신을 느꼈다. 이제껏 이런 강한 확신이 든 적은 없었다. 심지어 평범한 나도 출간 계약으로 책을 낼 수 있다고 하니 귀가 솔깃했다. 평소의 내 결단력과 속도로는 가능할 수 없을 정도로 빠르게 그곳에서 책 쓰기를 시작했다. 만약 내가 조금만 더 빨리 가입했거나, 조금 더 늦게 카페에 가입했다면 난 결코 책을 쓰지 못했을 것이다. 그런 시기였다.

내가 정말 한 길을 계속해서 꿈꾸면 결국은 우주는 유인력의 법칙을 통해 내게 답을 내려준다. 나는 작은 성공을 시작했다. 이것은 내게 이룰 수 없는 것을 이루게 해주었다는 강한 믿음이었다. 나는 두 번째, 세 번째 책도 생각하고 있으며 메신저의 삶을 위해 준비하고 있다. 작은 성공이라고 결코 무시하지 않는다. 모든 성공자들은 작은 성공조차 큰 성공이라 생각하며 미래를 바라봤으니까! 예전의 나였다면 결코 작은 성공 자체를 인정하지 않았을 것이다. 그러나 작은 성공을 큰 성공으로 대입하여 바라보면 모든 것이 달라진다. 그렇기 때문에 나는 즐겁게 현재를 살고 있다. 생생하게 미래가 그려진다. 이미 그들을 닮고자 결심했고, 닮고자 따라하고 있으니까. 그리고 내가 나를 믿고 법칙을 믿는다면 세상은 내게 아름다움을 보여준다는 것도 깨달았다.

내 안에는 거대한 우주가 있고 거인이 잠을 자고 있다. 그 커다란 힘을 나는 깨닫지 못했을 뿐이다. 이제는 그 거인이 활동할 수 있도록 하고 있다. 나는 성공자가 되고 싶고 성공자의 삶을 따라하고 싶다. 성공의 삶으로 가서 다른 이들도 성공의 삶으로 이끌고 싶다. 선한 목적으로 다른 이들에게 선한 영향력을 발휘하고 싶다. 나는 내 마음의 힘을 믿고 있다. 지금은 비록 작은 성공밖에 없지만 내가 마음의 힘을 믿고 있는 만큼 앞으로 더 크게 발전할 것도 알고 있다. 사람들이 고작 이 작은 성공을 가지고 책도 쓰냐고 뭐라 말할 수도 있다. 그러나 작은 성공은 큰 성공의 바탕이다. 성공의 반석은 단단히 쌓일수록 무너지지 않는다. 그럴수록 내 마음에 대한 믿음은 점점 강해진다. 그래서 인생을 역전시킬 수 있는 잠재력이 생긴다.

요즘은 격변의 시기는 아니다. 그래서 개천에서 용이 날 수 없다고 한다. 하지만 요즘에도 바닥에서 입지전적인 성공을 이루는 사람들이 있다. 왜 그런 것일까? 그것은 자신의 잠재력을 극대로 올려 유인력의 법칙을 긍정적으로 이용했기 때문이다. 그 힘으로 자신의 인생을 적극적으로 변화시킨 것이다. 자신이 믿는 대로 흘러간다.

어둠이 물러나면 새벽이 빛을 내며 피어오른다. 동이 틀 때의 신비함은 이를 데 없다. 어둠 속에서 별들의 스토리를 보며 준비하니, 비로소 내 인생은 새벽을 보고 있으며 찬란한 아침을 준비하고 있음을 알았다.

● 참고문헌

1. 김상운, 『왓칭 1』, 정신세계사, 2011.04.12

2. 김상운, 『왓칭 2』, 정신세계사, 2016.01.22

3. 론다 번, 김우열 역, 『시크릿』, 살림Biz, 2007.06.22

4. 닐 도날드 월쉬, 조경순 역, 『신과 나눈 이야기』, 아름드리미디어, 2012.01.15.

5. 이선민, 『코즈믹 오더링』, 조이럭클럽, 2010.11.05.

6. 노아 세인트, 정호영 역, 『어포메이션』, 이책, 2014.03.05.

7. 이하레이카라 휴 렌, 황소연 역, 『호오포노포노의 비밀』, 판미동, 2011.11.25.

8. 루이스 헤이, 비하인드 외 1명 역, 『나를 치유하는 생각』, 미래시간, 2014.08.25.

9. 네빌 고다드, 최지원 외 1명 역, 『상상의 힘』, 서른세개의 계단, 2014.07.15

10. 네빌 고다드, 이상민 역, 『5일간의 강의』, 서른세개의 계단, 2008.09.20

11. 네빌 고다드, 이상민 역, 『세상은 당신의 명령을 기다리고 있습니다』, 서른세개의계단, 2009.05.25

12. 에스더 힉스, 조한근 외 1명 역, 『감정 연습』, 나비랑북스, 2015.01.08

13. 에스더 힉스, 박행국 역, 『행복창조의 비밀』, 나비랑북스, 2008.03.05

14. 에스더 힉스, 조한근 외 1명 역, 『유쾌한 창조자』, 나비랑북스, 2014.02.12

15. 헤일 도스킨, 고유나 외 2명 역, 『세도나 메서드』, 랜덤하우스코리아, 2011.07.25

16. 헤일 도스킨, 아눌라스님 역, 『레스터 레븐슨 세도나 마음혁명』, 쌤앤파커스, 2016.10.05

17. 팸 그라우트, 이경남 역, 『E2』, 알키, 2014.02.20

18. 팸 그라우트, 엄성수 역, 『E3』, 알키, 2015.02.25

19. 이시다 히사쓰구, 이수경 역, 『3개의 소원 100일의 기적』, 김영사, 2016.01.11

20. 김승호, 『생각의 비밀』, 황금사자, 2015.09.21

기적을 현실로 만드는 생각의 힘